"中华元典引读丛书"出版委员会

主　任：谢清溪

副主任：纪庆芳　展文婕

委　员（以姓氏笔画为序）：

马　博　仝一帆　阮林要　李亚涛

时　海　陈建恩　郑　鑫　胡玲霞

姜　畅　高枫叶　谌洪波

战国策引读

张彦修 著

河南大学出版社
·郑州·

图书在版编目（CIP）数据

战国策引读 / 张彦修著 . -- 郑州：河南大学出版社，2024.7
（中华元典引读丛书 / 李振宏主编）
ISBN 978-7-5649-5666-0

Ⅰ.①战… Ⅱ.①张… Ⅲ.①《战国策》Ⅳ.①K231.04

中国国家版本馆 CIP 数据核字（2024）第 069794 号

战国策引读
ZHANGUOCE YINDU

总 策 划	孔令刚
责任编辑	谌洪波
责任校对	陈 炜
装帧设计	翟淼淼
出版发行	河南大学出版社
	地址：郑州市郑东新区商务外环中华大厦 2401 号
	邮编：450046　电话：0371-86059701（营销部）
	网址：hupress.henu.edu.cn
排　　版	郑州印之星数字文化产业有限公司
印　　刷	郑州印之星印务有限公司
版　　次	2024 年 7 月第 1 版
印　　次	2024 年 7 月第 1 次印刷
开　　本	889 mm×1194 mm 1/32　印　张　9.25
字　　数	170 千字　　　　　　　定　价　36.00 元

版权所有·侵权必究
本书如有印装质量问题，请与河南大学出版社营销部联系调换。

序

中华元典创生于春秋战国的大变革时代。自夏以来的中国早期文明社会，到周代的分封制度达到成熟阶段，这一社会形态的国家政体是贵族制。以中央王朝的国君即天子为一权力主体，以公卿士大夫即贵族为另一权力主体，世袭国君和世袭贵族通过宗亲和姻亲血缘纽带组成一个统治网络，代代相传、永恒不变地占据着国家政治生活、经济生活和文化精神生活的中心。这样一个贵族制社会从夏开始，一直延续了一千多年，到公元前770年周平王东迁，终于走向了它的衰落和蜕变。平王东迁作为一个象征性事件，标志着一个新时代的开端。春秋时期，王室衰微，礼崩乐坏，历史表面的混乱局面，掩盖着深层的历史潜流，人们往往用"春秋无义战"来描述这个时代；但历史一进入战国时期，其演变的本质便显示出来。战国时期各国变法的主流揭示,从春秋开始的这场历史大动荡,预示着一个崭新的历史时代的到来,它是一场社会形态的变革,是中国历史从贵族政治向官僚政治的过渡。

大凡历史剧烈动荡的岁月,给人们的启迪也往往更加丰富和深刻。历史的大动荡,亵渎了一切传统的神圣的东西。传统的政治体制逐渐坍塌,传统的意识形态、社会观念、思想文化遇到了前所未有的挑战。历史何以会发生这样剧烈的变革和动荡,在动荡中崩溃的社会应该以怎样的模式重新塑造等等,一系列带有世界观、历史观、社会观性质的问题,逼迫着人们去思考,去回答。于是,在思想文化领域,展开了一场长达三百年的百家争鸣。正是在这场反省历史、洞察现实、描绘未来的思想运动中,古圣先贤们为我们提供了一批支配后世民族文化发展的中华元典。这批中华元典,诸如《周易》《诗经》《尚书》《春秋》《礼记》《老子》《庄子》《论语》《墨子》《管子》《商君书》《韩非子》等等,是夏商周以来古典传统文化的积淀和结晶,又是新旧时代交替的历史启迪;它既积累了中华先民两千年文明史的卓越智慧,又是对一个新的历史进程的揭示和预见,充当了一个新时代的号角和先声。

中华元典是春秋战国这个特定时代的产物。一方面,社会历史在政治、经济上所经历的深刻变迁,给当时的思想家们以深刻的历史启迪,使其著作具有其他时代所无法比拟的深刻性;另一方面,传统社会坍塌的剧烈震撼,促使人们从历史的根本点上思考问题,从而使当时人们所提出的问题,多具有世界观、历史观和人生观的性质,具有比较广泛的普遍性价值或意义。

三十年前,冯天瑜先生在《元典文化丛书·序》中说:

> 历史的辩证法反复昭示:发展不是简单的生长和增进,它往往不一定呈直线式进步,而是通过一系列螺旋式圈层实现的。这样"回复"便不总是重复往昔,而可能是一种上升的形式,是"唤醒"事物在其开端时即已蕴蓄着的可能性的一种形式。作为由具有自觉意识的人类创造的文化,也生动地展现着螺旋式的发展轨迹,如欧洲"文艺复兴"的崇尚古希腊、"宗教改革"的服膺《圣经》,便是对"元典精神"的发扬和再造,而欧洲文化正是在这种"回复"中赢得历史性进步的。这种向"文化元典"汲取灵感,获得前进基点的现象在中国也多次出现,著名的"古文运动"便是典型事例。考之以中国近现代思想文化史,这种"返本开新""以复古为解放",即回归元典精神以求新变的情形也俯拾即是。

冯天瑜先生所讲人类思想史上这种不断发生的"返本开新"现象,佐证了元典的不朽性。的确,中国先秦时代

所产生的文化元典,就有其不朽性。大致说,元典的不朽性主要取决于两个方面:

其一,它所提出的问题具有普遍性意义,是不同时代人们所关注的共同性问题,处在不同历史条件下的人们,都能从元典的阐述中汲取智慧,都能使自己的思考追溯到人类智慧的最初观照。譬如在元典中一再提出的如下问题:"天人之辨"(人与自然的关系)、"人性之辨"(关于人的本性善恶的思考)、"义利之辨"(社会道义与经济利益的关系)、"刑礼之辨"(刑法治理与礼制教化的关系)等等,这些问题对于两千多年的传统社会来说,无疑都是不朽的课题,像"天人之辨""人性之辨""义利之辨"等,还具有普遍的人类意义。

其二,"中华元典"的不朽性,还在于它对以上基本问题的解决,给后人的思考提供了一种具有高度抽象性的哲理性回答,从而使人们可以从各种角度受到它的启迪。在人类认识的早期时代,人们还不可能对自然界和社会进行解剖、分析,自然界和人类社会只能被作为一个整体去观察,从而得出混沌的整体性认识。这种认识,一方面有它不精确不完善的特点,而另一方面则使它有可能包含了对自然界和人类社会整体联系性的不少天才猜测。例如《老子》中的"道",《周易》中的运动观、发展观、变易观,《论语》中孔子的仁学思想体系,等等,都是对自然变化之道，人的社会属性的整体性、哲理性把握；而这种把握，则是其后人们借以展开自己思想的重要基础。"中华元典"在后世人们借以发挥自己思想创造的过程中，一再证明着自己的生命力和不朽性。

然而，从历史唯物主义的观点看问题，"中华元典"也不可避免地具有其历史局限性，世界上没有任何一种理论观点、学说体系具有超历史的价值和意义。每一时代的理论思维，"都是一种历史的产物"，都有它所适应的、能够发挥其作用的历史环境；一旦历史条件发生了根本性的变更，它的作用就将丧失或者发生相应的改变。"中华元典"作为一种理论思维的历史成果，它的基本内容，它所提出的各种命题的具体内涵，都不能不具有这种历史性质。这个历史性，既是它在其后两千多年传统社会中能够发挥重要作用的原因，也同时决定了它的局限性。解读和阐释文化元典，就是发扬或转换其不朽性，而正视其局限性，以确保在文化传承中保持清醒的头脑，秉持科学的态度。

解读元典文化精神，研究、传承和弘扬优秀传统文化的工作，已经进行了很多年，有了颇为丰硕的成果。然反省其研究状况，还是存在某些缺憾。

一是研究大多还集中在知识精英阶层，而把对元典思想的阐释变成广大社会公众的精神食粮，还有许多工作要做。

二是就社会大众的元典文化阅读来说，所做的工作多是集中在直接的普及方面,侧重对元典文献的注释或翻译,以为社会大众借助白话读本就可以进入元典精神的世界,就完成了元典文化的普及,而这是有认识上的误区的。

三是社会大众直接阅读元典译本,并不能对元典文化的历史作用有深刻的认识,而研究元典文化或者普及元典文化精神,其最终目的是帮助社会大众认识我们的文化国情,使人们知道民族精神的来龙去脉,知道今人的思想、思维、价值观念、心理观念之来源,清醒而理智地看待传统文化,继承和弘扬优秀传统文化。

河南大学出版社策划出版的这套"中华元典引读丛书",目的就在于弥补以上缺憾。这套丛书的特色是:读者一书在手,既可窥见一部元典的思想要旨,又可明了其全方位历史影响,进入元典文化生成与发展的历史世界。这是真正地认识中华元典文化精神的导读丛书,是写给普通读者的书。

既是为社会大众提供适宜的元典导读,就必须在著作的科学性、导向性上下功夫。我们力求用充分辩证的科学理性去阐释元典文化的基本精神,对元典著作积极的或消极的文化影响,都给予尽可能全面的历史评说,使普通读者懂得如何从积极的方面对传统文化进行扬弃和取舍。因此,冷静的历史思辨色彩,成为这套丛书在著述风格上的重要特色。此外，我们还要求作者从以往学术著作引经据典、旁征博引、烦琐考证的传统文风中解脱出来，采用夹叙夹议、以议论为主的散体笔法，无论是对元典内涵的揭示，还是对其历史价值或历史影响的阐述，都尽可能结合具体生动的历史事例来展开，力求做到深入浅出，引人入胜。

现在丛书就要出版了，作者们贡献了自己的辛勤劳动、学识和智慧，但是否真的能够实现丛书的编写初衷，它的效果究竟如何，就交给亲爱的读者去判断了。

李振宏
2023 年 12 月 10 日于开封

目 录

一 纵横家与《战国策》／ 1

  1. 雄厚久远的历史根基／ 1

  2. 纵横家的教科书《战国策》／ 12

二 《战国策》的思想体系／ 23

  1. 智谋韬略，万事之本／ 23

  2. 不拘一格的人才谋略／ 27

  3. 以说为谋／ 35

  4. 林林总总的长短纵横之术／ 47

  5. 长短纵横之术的基本原则／ 83

  6. 长短纵横之术的哲学基础／ 106

三 《战国策》的民本思想与士人精神／ 119

  1. 独具风骚的民本思想／ 119

  2. 闪光的士人精神／ 135

四 纵横家的流变 / 154

1. 秦汉之际的纵横家 / 154

2. 秦汉以后纵横家的变异 / 161

3. 纵横家的学术转型 / 168

五 纵横家文化的承传 / 199

1. 专制制度与纵横家文化 / 200

2. 纵横家与传统文化 / 224

3. 纵横家文化与传统处世哲学 / 247

4. 纵横家文化酿成的《战国策》文学艺术 / 261

一 纵横家与《战国策》

1. 雄厚久远的历史根基

《七略·诸子略》说：

> 纵横家者流，盖出于行人之官，遭变用权，受命而不受辞。

《汉书·艺文志》说：

> 纵横家者流，盖出于行人之官。孔子曰："诵《诗》三百，使于四方，不能专对，虽多亦奚以为？"又曰："使乎，使乎！"言其当权事制宜，受命而不受辞，此其所长也。及邪人为之，则上诈谖而弃其信。

《隋书·经籍志》说：

> 纵横者，所以明辩说，善辞令，以通上下之志者也。

《汉书》以为本出行人之官，受命出疆，临事而制。故曰："诵《诗》三百，使于四方，不能专对，虽多亦奚以为？"《周官》，掌交"以节与币，巡邦国之诸侯及万姓之聚，导王之德意志虑，使辟行之，而和诸侯之好，达万民之说，谕以九税之利，九仪之亲，九牧之维，九禁之难，九戎之威"，是也。佞人为之，则便辞利口，倾危变诈，至于贼害忠信，覆邦乱家。

《七略》《汉书》和《隋书》不仅认为纵横家起源于"王官之学"，而且强调了行人之官，"遭变用权""权事制宜""明辩说，善辞令"等特征。

（1）"行人之官"的历史足迹

《周礼·秋官》中有"大行人"与"小行人"之官，"大行人，掌大宾之礼及大客之仪，以亲诸侯"，负责王朝一切外事活动；"小行人，掌邦国宾客之礼籍，以待四方之使者"，负责外事活动中的具体事务。杜预在《左传·襄公四年》的注释中说："行人，通使之官。"指明行人就是肩负"通使"重任的外交官。把外交官称为"行人"是西周、春秋和战国的说法，在夏朝这种"通使"之官称为"遒人"，在商朝则称为"吏"。

据有关史料，夏王朝中央政府是采用分封同姓或异姓部族方国的办法来进行统治的，分封的12个同姓方国和一些异姓方国共同构成以夏后氏为主体的夏王朝国家政权。夏王朝中央政权与这些方国存在着政治上的分封关系和经济上的纳贡关系，同姓者还有血缘关系。由于中央政府与方国的分封关系，负责传达中央政府命令，处理相关事务的"遒人"就经常往来于中央政府与方国之间。

商王朝实行"内服"和"外服"制度。"内服"是商王朝直接统辖的王畿地区，设立"殷正百辟"；"外服"是商王诸妻、诸子、功臣以及臣服于商王朝的少数民族首领分封在王畿之外的地区，外服封国的最高首领称为侯、甸、男、卫、邦伯，外服诸侯对商王朝中央政府承担防边、随王出征、进贡和服役等义务。商王朝的"内服"和"外服"制度，决定了"吏"官的发达。根据甲骨卜辞，"吏"又分为"我吏""上吏""下吏""亚吏""东吏"等，其职掌类似于后来的"行人"。

武王伐纣，一举灭商，为建立和巩固西周政权，大规模推行分封制。周武王、周公、周成王先后分封71国，其中兄弟15人，同姓40人，投降臣服为封国者数百。受封后的诸侯成为相对独立的诸侯国君，除了按规定向天子纳贡、朝觐、出兵助征伐以外，一切内政都由诸侯自理。西周这种封邦建国的政治格局，使专掌"通使"之事的"行人之官"，在殷商"吏"职官的基础上发展成为肩负着周天子、诸侯之君使命的专职外交官员。

历史步入春秋，周天子式微，礼崩乐坏，诸侯争霸，战争、行成、会盟等史不绝书。据有关统计，春秋300余年间，各种外交活动约181次，其中盟81次、会56次、朝11次、赴4次、聘使问告29次。频繁的外交活动，使肩负外交重任的"通使"之官"行人"特别忙碌，仅一部《左传》就见"行人"踪迹23处。从《左传》中有关"行人"的材料来看，春秋的"行人之官"熟知国内外政治、军事形势，谙练于外交仪程和礼节，或单独奉命出使，或陪同国君、重臣外出会盟、朝聘。在外交活动中他们有较大的主动权，并表现出不凡的政治才干、善辩的口才与灵敏的头脑。由于春秋时期外交活动频繁且多为事关全局的重大事件，所以不少身居高位要职者也都从事外交活动，并涌现出一些名垂史册的著名外交家。他们虽然不是"行人"，但有高于一般"行人"的素质与外交才能。他们伶牙俐齿，巧说雄辩，善于斡旋，长于计谋，在外交活动与内部政治斗争中常常立于不败之地。这些人不是纵横家，却有与战国纵横家相接近的特征。例如：

子产，春秋郑国的著名政治家、外交家。他在郑国执政的20余年中，锐意改革，谨慎外交，使生存于大国夹缝中的郑国，在内政与外交方面都取得了很大的成功，维护了郑国的尊严，博得了其他诸侯国的尊重。子产取得成功的因素是多方面的，但其思维敏捷、能言善辩应该是重要原因之一。例如，鲁襄公三十一年，子产陪郑简公出访晋国，晋平公借口鲁襄公新丧而不予接见。子产为了摆脱这种进退维谷的尴尬局面，毅然"坏其馆之垣，而纳车马"（《左传·襄公三十一年》），迫使晋国大夫士文伯出来会面。会面时，子产以礼物"非荐陈之，不敢输也。其暴露之，则恐燥湿之不时而朽蠹，以重敝邑之罪"（《左传·襄公三十一年》）为第一条理由，以过去晋文公热情、周到地接待诸国来使而建立辉煌的霸业为第二条理由，谴责晋国之怠慢与专横。子产的话，字字有力，句句在理，说得士文伯连连谢罪。最后，"晋侯见郑伯，有加礼，厚其宴好而归之"（《左传·襄公三十一年》）。

子贡，孔子的得意弟子，勤学好问，辩才超群，多次巧妙地驳斥那些有损孔子形象的言论，使对方哑口无言。《史记·仲尼弟子列传》记载子贡游说齐、吴、楚、晋四国存鲁一事，说："故子贡一出，存鲁，乱齐，破吴，强晋而霸越。子贡一使，使势相破，十年之中，五国各有变。"

春秋时期著名的外交活动家除子产、子贡外，华元、向戌、叔向、晏婴、季札等也都是值得称道的人物。春秋"行人"和著名外交活动家的活动以及所造成的社会氛围，奠定了战国纵横家崛起的历史基础。

（2）纵横家在战国的崛起

战国是中国古代历史上社会转型最深刻、社会变化最剧烈的时代，其情形诚如顾炎武在《日知录·周末风俗》中所说："春秋时犹尊礼重信，而七国则绝不言礼与信矣；春秋时犹宗周王，而七国则绝不言王矣；春秋时犹严祭祀，重聘享，而七国则无其事矣；春秋时犹论宗姓氏族，而七国则无一言及之矣；春秋时犹宴会赋诗，而七国则不闻矣；春秋时犹有赴告策书，而七国则无有矣。"春秋时的新观念、新气象对传统的冲击，引起社会的强烈震颤，这种震颤在战国则发展成为翻天覆地的涤荡，业已残败的传统政治格局、传统阶层构造、传统思维方式、传统文化观念荡然而去，带有时代新鲜气息的政治格局、阶级阶层、思维方式、文化观念如雨后春笋般兴起。学派林立，百家争鸣，一派开放向上的气象，纵横家也在这种环境中正式自立于诸家之林。

由春秋争霸战争演变而来的兼并战争，是战国历史的突出特征之一。春秋时期，战车是军队的核心装备，车阵战是战争的主要形式，战争由数量有限的军队来进行，军事行动规模不大，所以在较短的时间内就能决定胜负。进入战国以后，社会生产力提高，集权政权逐步建立，铁质武器逐渐取代青铜武器，农民成为军队的主要成分，步骑兵野战与包围成为战争的主要形式，士兵数量增加，战争规模扩大，战争旷日持久，残酷性增加，"争地以战，杀人盈野；争城以战，杀人盈城"(《孟子·离娄上》)。残酷的战争给社会带来巨大的痛苦与灾难，这种痛苦与灾难又成为一种独特的动力，刺激着社会变化发展。战国时期战争的胜负不仅直接取决于军事力量的对比，而且受交战双方的经济、政治、外交、人口的数量与素质、民心等诸多因素的影响。在这种情况下，寻求好的外交环境，通过外交活动来为国家谋得更多的利益，利用外交手段在频繁的战争中立于不败之地，就成为了一个国家的重要活动。在频繁而复杂的外交活动中，涌现出一批长于外交、精于谋划的人物。他们熟知天下形势格局，各国军事力量、各派政治力量的对比，以敏捷的思维、善辩的口才，不辞辛劳地奔走游说于诸国之间，排患释难，献计献策。这些人物的活动，为战国纵横家的崛起奠定了直接的社会基础。

改革变法，是战国的时代主旋律。诸国改革变法的具体内容不尽相同，但都有一个富国强兵的现实目标。由于各国变法的时间、背景、深度与广度不一，产生的效果也就强弱有别，各国综合国力的消长时常发生变化，春秋霸主迭兴的格局被打破，形成了战国七雄并立的新局面，而七国之间的力量对比又不断发生变化，新平衡不断出现，又不断被打破。在这种情况下，形成最有利于本国的格局、谋求新的平衡的外交活动凸现了出来，其内容更复杂神秘。

不仅如此，改革变法还使人们的思想观念得到了进一步的解放，从而促使在外交及其他活动中表现出敢想敢干的精神。这种由改革变法而来的外交活动方面的变化和思想观念的解放，成为纵横家崛起的直接因素之一。

在战国时期深刻而剧烈的社会变革中，士人发展成为一个人数众多且活跃的知识阶层。他们成分复杂，人格相对独立，没有固定的人身依附关系，自由流动，眼界开阔，情绪高昂，思想活跃，为了实现自身的人生价值，积极参与各种社会活动，游说奔走于各诸侯国之间，他们中间的部分人后来走上了专务合纵连横的道路，成为名副其实的纵横家。

面对战国的社会大变革，各学派的代表人物议论政治，著书立说，阐明哲理，相互批驳辩论，又相互影响汲取，形成百家争鸣的局面。西汉初期的司马谈把诸子百家总括为阴阳、儒、墨、名、法、道德六家，西汉末年刘歆又总括为儒、墨、道、名、法、阴阳、农、纵横、杂、小说十家。十家中除了专注于文学的小说家外，其他九家都试图从不同的侧面寻求富国强兵的良策，并进而形成"以治为务"的学说体系。在诸家学派之中，纵横家是积极、务实的学派之一。

兼并战争、变法改革、士人阶层的发展和百家争鸣，构成战国纵横家崛起的社会大背景，而战国合纵连横运动则与纵横家的成长发展有着最直接的关系。诚如刘向在《战国策·书录》(以下称《书录》)中所说:"然当此之时,秦国最雄,诸侯方弱,苏秦结之,时六国为一,以傧背秦。秦人恐惧,不敢窥兵于关中,天下不交兵者,二十有九年。然秦国势便形利,权谋之士,咸先驰之。苏秦初欲横,秦弗用,故东合纵。及苏秦死后,张仪连横,诸侯听之,西向事秦。"

(3)纵横家的再认识

传统观点认为,纵横家的活动局限于狭义的合纵连横运动,主要人物仅有苏秦、张仪、公孙衍等人,且他们在学术上无重大建树,因此纵横家没资格与其他学派并驾齐驱。然而,战国的历史事实与合纵连横活动的内容表明,这种看法是不全面的。

合纵连横是外交斗争,但绝不仅仅是外交斗争,它实际上是战国兼并与反兼并斗争的主要形式之一,其中既有外交斗争、政治斗争与军事斗争,又有国与国之间的争斗和各国内部的矛盾运动。这些斗争都有各自相对独立的具体内容,但彼此之间又存在着千丝万缕的内在联系,它们相互依存、相互摄补,我中有你,你中有我,共同构成战国兼并与反兼并斗争的壮阔画面。这种情况,决定了合纵连横范围的广阔性、内容的丰富性、斗争的复杂性和参与者的多样性。

以合纵连横为主要形式的兼并与反兼并斗争,是战国的历史特征之一,所有社会成员,或主动,或被动,或以这种形式,或以那种形式,都参与了这场斗争。由于这种斗争冷酷而实实在在,所以最需要的是实际行动。纵横家作为最积极、最直接、最重要的参与者,是一个庞大的社会群体,有学者初步统计,战国纵横之士有250余人。这个群体在战国时期并没有一个固定的称呼,常被称为"游士""说士""辩士""权变之士"等,只是因为他们直接参加了合纵连横斗争,后人才称其为纵横家。

一个纵横家,由布衣平民到显要高官,由默默无闻到叱咤风云,把满腹的经纶化为成功的实践,实现自己的人生价值,需要经过游说、入仕、施展才华这样三个阶段。这个过程荆棘丛生,险情四伏,每一步都需要小心翼翼,认真对付。倘若有半点不慎,便有可能惨遭横祸。他们从迈出第一步起,面对的就不仅是外交活动,而是与政治、军事密切相关的综合性活动。他们在得势之后,直接参与合纵连横斗争,还要参与国家的重要决策,同时也无法回避内部的政治争斗。因此,他们事实上是参与外交、政治、军事等多方面的活动家。纵横家所从事的活动,涉及复杂的运作过程,他们面临的常常是棘手而又生死攸关的大问题,不得不以智巧权谋取胜。《书录》、《七略》、《汉书·

艺文志》和《隋书·经籍志》在审视纵横家时，一方面指明其历史源于"行人之官"，另一方面又强调其以谋略权术见长的特殊性质。刘向《书录》说："故孟子、孙卿儒术之士，弃捐于世，而游说权谋之徒，见贵于俗。是以苏秦、张仪、公孙衍、陈轸、代、厉之属，生从横短长之说，左右倾侧。苏秦为从，张仪为横；横则秦帝，从则楚王；所在国重，所去国轻。"这里刘向明确指出纵横家是"游说权谋之徒"。《七略》说：纵横家"遭变用权，受命不受辞"。《汉书·艺文志》说：纵横家"其当权事制宜，受命而不受辞，此其所长也"。《隋书·经籍志》说：纵横家"临事而制"。这些概括都突出了纵横家擅长权谋的特征。

纵横家是一个实践性很强的群体，在长期的社会实践活动中也有自己的理论总结，形成别具一格的长短纵横之术，简称为"短长""长短"。《汉书·张汤传》颜师古注引应劭曰："短长术兴于六国时，长短其语，隐谬用相激怒也。"《汉书·张汤传》张晏注曰："苏秦、张仪之谋，趣彼为短，归此为长，《战国策》名长短术也。"《鬼谷子·忤合》曰："忤合之道，己必自度材能知睿，量长短远近，孰不如，乃可以进，乃可以退，乃可以纵，乃可以横。"这些对长短纵横之术的解释和纵横家活动的主要内容表明，纵横家的长短纵横之术也就是他们在外交、政治、军事等活动中的谋略权术，而其谋略权术的实施又与游说密不可分。长短就是计谋权术的较量，就是魔高一尺，道高一丈，与时仰俯，度势进退的具体操作。总而言之，这种长短纵横之术的历史起源，可以追溯至"行人之官"及其前身"吏"和"遒人"，但其发展的辉煌时期是在战国。《汉书·艺文志》曾收录纵横家典籍书目12家，计107篇，但多已佚亡，现存的《战国策》是研究战国纵横家及长短纵横之术的经典之作。

2. 纵横家的教科书《战国策》

（1）《战国策》的成书与注释

在战国社会转型的过程中，身为游说权谋之徒的纵横家异常激动，个个胸怀治国韬略，手握胜敌奇谋，不辞辛劳，不畏艰险，奔波游说于各国国君、权贵，斡旋于邦国，驰骋于厮杀的疆场，时而一步登天，傲国君，慢权贵，时而一落千丈，贱若仆隶，穷极潦倒。纵横家为了成功，就要学习、研究，吸收成功的经验，借鉴失败的教训，训练思维才能，磨炼伶牙俐齿，铸就揣摩特技。为满足学习和研究的需要，战国时期各国史官或策士把历史上和现实中的有关纵横家的权变故事、游说之辞辑汇成册，"或曰《国策》，或曰《国事》，或曰《短长》，或曰《事语》，或曰《长书》，或曰《修书》"（刘向《书录》）。西汉后期，刘向整理中秘府藏有的战国史料时，发现上述7种资料"错乱相糅莒，又有国别者八篇，少不足"（刘向《书录》）。刘向依据国别以及时间顺序，除其重复，补其不足，把这些同性质而又不同源的资料分别编入12个国中，合成一本书，总计33篇。刘向认为这些资料是战国时期"游士辅所用之国，为之策谋"（刘向《书录》），就将该书定名为《战国策》。

刘向整理编定的《战国策》共33篇，分为十二国策，是为古本。由于《战国策》直言纵横家的游说权术，杂有阴诈诡计，"不可以临国教化"，为儒家所排斥，公开传播者有限，在靠手抄流传的年代很容易残缺，流传至北宋时已无善本。东汉高诱曾为之作注，在北宋时该注本也部分散佚。北宋仁宗景祐年间，王尧臣等编《崇文总目》时，《战国策》缺11篇，高诱注本仅存8篇。北宋曾巩"访之士大夫家，始尽得其书，正其误谬，而疑其不可考者，然后《战国策》三十三篇复完"。曾巩所得之书，可能是刘向编定的《战国策》全本，也可能是对士大夫家藏本的补充再编。后世习惯称曾巩编定的《战国策》为今本。曾巩之后，李文叔因《战国策》"舛错不可疾读"，"宜有善本传于世"（李文叔《书战国策后》），又加以校订。王觉又"借馆阁诸公家藏数本参校之，盖十正其六七。凡诸本之不载者，虽杂见于《史记》他书，然不敢辄为改易，仍从其旧，盖慎之也"（王觉《题战国策》）。宋哲宗元祐元年，孙元忠取曾巩三次所校定本，及苏颂、钱藻等不足本，又借刘敞手校书肆印卖本参考校订，比较曾巩的校订本，校定354字。元祐八年，孙元忠又用各种版本与集贤院的新本互勘，又校订196字。孙元忠两次校定共550个字。

南宋时，耿延禧在括苍请人代校《战国策》，世称括苍本。1147年，南宋鲍彪以《史记》《汉书·地理志》等为资料，给《战国策》作注，世称鲍氏注本。1164年，剡川姚宏又以孙元忠校本为底本，参照晋孔衍《春秋后语》、吕祖谦《大事记》作续注，世称姚氏注本。一般认为姚氏注本是传世最好的版本。

元朝吴师道于泰定二年（公元1325年）重新为《战国策》作注。吴氏注本是以吕祖谦《大事记》和姚氏本补注鲍氏本，并更正了鲍氏本中的一些错误。

清代黄丕烈、顾千里分别以姚本、鲍本和当时的流行本进行了合校，并且写有《札记》3卷。金正炜在黄氏本的基础上，参考王念孙《读书杂志》、孙诒让《札逐》等重核《战国策》，成书《国策补释》，其中新发现不少。

《战国策》记事，上起周贞定王十六年（公元前453年），下至秦二世元年（公元前209年），今上海古籍出版社1985年3月第二版《战国策》分为：

《东周策》1篇，28章；

《西周策》1篇，17章；

《秦策》5篇，64章；

《齐策》6篇，59章；

《楚策》4篇，52章；

《赵策》4篇，66章；

《魏策》4篇，84章；

《韩策》3篇，70章；

《燕策》3篇，32章；

《宋卫策》1篇，15章；

《中山策》1篇，10章。

总计33篇，497章，约12万字。

（2）《战国策》的性质及流传

刘向在编修《战国策》时曾对它的性质做过概括：

> 臣向以为，战国时游士辅所用之国，为之策谋，宜为《战国策》。
>
> …………
>
> 战国之时，君德浅薄，为之谋策者，不得不因势而为资，据时而为，故其谋，扶急持倾，为一切之权，虽不可以临国教化，兵革救急之势也。皆高才秀士，度时君之所能行，出奇策异智，转危为安，运亡为存，亦可喜，皆可观。（刘向《书录》）

根据刘向的概括，《战国策》是一部关于战国时期纵横家智谋权变的书籍。《战国策》所记载的纵横家文化，无论是治国的大智大谋，还是着眼于区区小事的雕虫小技，都绝非偶然、孤立的，而是根植于深厚的战国社会土壤之中，其情形恰如刘向《书录》所说：

> 仲尼既没之后，田氏取齐，六卿分晋，道德大废，上下失序。至秦孝公，捐礼让而贵战争，弃仁义而用诈谲，苟以取强而已矣。夫篡盗之人，列为侯王，诈谲之国，兴立为强。是以传相放效，后生师之，遂相吞灭，并大兼小，暴师经岁，流血满野。父子不相亲，兄弟不相安，夫妇离散，莫保其命，泯然道德绝矣。晚世益甚，万乘之国七，千乘之国五，敌侔争权，盖为战国。贪饕无耻，竞进无厌。国异政教，各自制断。上无天子，下无方伯。力功争强，胜者为右。兵革不休，诈伪并起。当此之时，虽有道德，不得施设；有谋之强，负阻而恃固；连与交质，重约结誓，以守其国。故孟子、孙卿儒术之士，弃捐于世，而游说权谋之徒，见贵于俗。是以苏秦、张仪、公孙衍、陈轸、代、厉之属，生从横短长之说，左右倾侧。苏秦为从，张仪为横；横则秦帝，从则楚王；所在国重，所去国轻。

纵横家的韬略智谋不仅在《战国策》中有充分展示，而且在其他战国史料中也有明显反映。与其说《战国策》

一展纵横家智谋的风姿,倒不如说战国历史塑造了血肉丰满的纵横家形象,而纵横家及其学术又从一个特殊的侧面体现了战国时代的文化面貌。

《战国策》突出了纵横家的谋略智慧,但并不局限于此,它在记载各种游说言辞和权变故事的同时,还记载了战国各诸侯国的重大事件,反映了各诸侯国的政治、经济、军事、外交和文化,也记述了众多著名历史人物的史实与言论。所有这些记载中蕴含了丰富而深刻的思想,当然最重要的是其记录了战国纵横家的长短纵横之术。

根据以上所述,不能简单地说《战国策》是一部关于战国纵横家谋略权术的书,而应该认为它是研究战国历史的基本史料之一,它所突出的纵横家的长短纵横之术是时代的产物,反映了时代的特征。或许是基于这样的认识,《战国策》被《四库全书》的编者收入了史部。

尽管《战国策》与儒家文化抵牾较大,但因其自身内涵的魅力,以及与中国古代传统文化的浑然契合,历代引用和研究它的学者未曾断绝。

《战国策》的底本,尝为战国诸子之书所征引。例如:《楚策四》的《张仪说秦》章,见于《韩非子·初见秦》篇;《魏策一》的《文侯与虞人期猎》章,见于《韩非子·说林》篇;《中山策》的《主父欲伐中山》章,见于《韩非子·外储说左上》篇;《齐策一》的《靖郭君善齐貌辨》章,见于《吕氏春秋·知士》篇;《魏策一》的《魏公叔痤病》章,见于《吕氏春秋·长见》篇;《齐策三》的《孟尝君在薛》篇,见于《吕氏春秋·报更》篇;《魏策二》的《魏惠王死》章,见于《吕氏春秋·开春》篇。诸子书对《战国策》材料的引用,不仅说明其材料的真实性、可靠性,而且也表明《战国策》思想传播的广泛性。

清代的于鬯在《战国策注序》中说:"《战国策》者,经学之终而史学之始也,其书宜无人不读。今学者固无不读《战国策》,然而考求之者鲜。"吴曾祺在《战国策补注叙例附言》中说:"其文章之美,在乙部中,自左史外,鲜有能及者。"于、吴之说并不是夸大之辞,完全符合历史事实,例如:

西汉的蒯通、主父偃读《战国策》的《乐毅报燕王书》"未尝不废书而泣"。《世说新语》载,晋代袁悦少年时读《论语》《老子》《庄子》《易经》感到头痛,不知读这些书有什么益处,认为唯有《战国策》才是天下最重要的书。

唐代的韩愈、宋代的眉山苏氏父子都深受《战国策》的熏染,苏洵外出总是随身携带《战国策》。

宋代朱熹读了《战国策》之后认为:"《战国策》文字豪杰,表达明快。""非你杀我,则我杀你。"

明代金圣叹读《战国策》之后说:"《战国策》实乃俊绝、宕绝、峭绝、快绝之文。"

毛泽东十分欣赏《战国策》，曾向人们极力推荐《战国策》中的《赵太后新用事》一文，希望大家严格要求子女，谨防他们蜕化变质。

由于历代都有研读《战国策》者，加之《资治通鉴》等史学名著的引用，《战国策》的许多历史故事妇孺皆知，许多典故成语使用频率极高，从而使《战国策》成为人们都能感觉到且认可的一部实实在在的元典。

现代传诵极广而又富有哲理的《战国策》历史故事主要有荆轲刺秦王、触龙说赵太后、聂政刺韩相、苏秦引锥刺股等。现代使用频率较高且含义深刻的《战国策》典故成语有画蛇添足、惊弓之鸟、狐假虎威、狡兔三窟、亡羊补牢、鹬蚌相争、南辕北辙、物以类聚、不遗余力、三人成虎、两败俱伤、高枕无忧、居安思危、危如累卵等。

这些历史故事与典故成语虽然在博大精深的汉语语言中可谓九牛一毛，微不足道，但是我们应该看到它们不只是简单的文字、成语和典故，而且是历史事实与战国文化的载体。它们犹如微微轻风，恰似涓涓细流，在无声无息之中传播着纵横家的思想文化，融入传统文化的巨流。

（3）地下出土的《战国纵横家书》

1973年底，长沙马王堆三号汉墓中出土了大量帛书，帛书整理小组从中整理出《战国纵横家书》一种。原帛书高 23 厘米，长约 192 厘米，共 325 行，每行 30～40 字不等。帛书基本完整，后面留有空白。书法介于篆隶之间，避"邦"字讳，可能是汉高祖后期或汉惠帝时的写本。原书无标题，整理小组根据它的内容定名为《战国纵横家书》。全书共 11 000 余字，27 章。每章用小圆点间隔，不另起行。把《战国纵横家书》与《战国策》《史记》相对照，其中十章见于《战国策》，八章见于《史记》，除去《战国策》和《史记》重复的，见于著录者 11 章，其余 16 章是佚书，具体情况如下：

一、苏秦自赵献书燕王章，不曾见著录。

二、苏秦使韩山献书燕王章，不曾见著录。

三、苏秦使盛庆献书于燕王章，不曾见著录。

四、苏秦自齐献书于燕王章，《战国策·燕策二》著录。

五、苏秦谓燕王章，《战国策·燕策一》《史记·苏秦列传》著录。

六、苏秦自梁献书于燕王章（一），不曾见著录。

七、苏秦自梁献书于燕王章（二），不曾见著录。

八、苏秦谓齐王章（一），不曾见著录。

九、苏秦谓齐王章（二），不曾见著录。

十、苏秦谓齐王章（三），不曾见著录。

十一、苏秦自赵献书于齐王章（一），不曾见著录。

十二、苏秦自赵献书于齐王章（二），不曾见著录。

十三、韩寅献书于齐章,不曾见著录。

十四、苏秦谓齐王章,不曾见著录。

十五、须贾说穰侯章,《战国策·魏策三》《史记·穰侯列传》著录。

十六、朱己谓魏王章,《战国策·魏策三》《史记·魏世家》著录。

十七、谓起贾章,不曾见著录。

十八、触龙见赵太后章,《战国策·赵策四》《史记·赵世家》著录。

十九、秦客卿造谓穰侯章,《战国策·秦策三》著录。

二十、谓燕王章,《战国策·燕策一》《史记·苏秦列传》著录。

二十一、苏秦献书赵王章,《战国策·赵策一》《史记·赵世家》著录。

二十二、苏秦谓陈轸章,《史记·田敬仲完世家》著录。

二十三、虞卿谓春申君章,《战国策·楚策四》《战国策·韩策一》著录。

二十四、公仲佣谓韩王章,《战国策·韩策一》《史记·韩世家》《韩非子·十过》著录。

二十五、李园谓辛梧章,不曾见著录。

二十六、见田偿于梁南章,不曾见著录。

二十七、麛皮对邯郸君章，不曾见著录。

根据唐兰、杨宽等先生的研究，《战国纵横家书》大致可以分为三个部分。

第一章到第十四章，是有关苏秦的书信和谈话资料，各章体系相同，内容相互联系，编排有秩序。

第十五章到第十九章，当是从另一种战国游说册子中辑录出来的，每章结尾都有数字统计，其中除第十七章以外，都见于《战国策》或《史记》。

第二十章到第二十七章，当是另外抄辑的，第二十二章与苏秦有关，其中的前五章见于《战国策》和《史记》。

《战国纵横家书》的历史价值。首先，它保存了刘向、司马迁未曾见到的纵横家资料，它既可以补充战国时代的历史事实，又可以纠正、校定纵横家的一些历史人物和事件；其次，说明了纵横家在秦汉之际、西汉初年的显学地位，长短纵横之术是受人重视的学问；再次，表明苏秦在纵横家这个派别中是一个最有代表意义、备受推崇的人物。

鉴于《战国纵横家书》的特殊历史价值和它与纵横家的特殊关系，应该说它是《战国策》的重要补充，是研究、认识纵横家及长短纵横之术的又一重要历史文献，所以，上海古籍出版社1985年3月出版的《战国策》特意把《战国纵横家书》以《马王堆汉墓出土帛书〈战国策〉释文》的名字，附在书的后边。

二 《战国策》的思想体系

《战国策》突出了纵横家的长短纵横之术,在那富国强兵、关系国家生存的韬略之中,在那保身自强的智谋之中,在那陷对手于困窘的诡计之中,蕴藏着丰富的内容,建构出纵横家以长短纵横之术为核心的思想体系。

1. 智谋韬略,万事之本

崇尚智谋韬略,注重权术奇策,是《战国策》思想体系的基本立足点,或者说是《战国策》思想体系展开的基础。

《战国策》重视外交、政治和军事,但是更突出这些活动中的智谋韬略和权术奇策,它对智谋韬略和权术奇策的崇信甚至到了如醉如痴的境地。

齐楚交战,楚王派遣游士陈轸西说秦惠王。陈轸把齐楚之争比作两虎相斗,他说:今天有两只虎为争食人而咬斗,小虎一定会死,大虎必然要受伤,秦王您待虎受伤之后再刺它,则是一举而兼得两虎。您无刺杀一只虎的付出,而有刺杀两只虎的名气。现在齐楚相战,齐必战败。齐国战败,秦王您发兵救齐,能得到救齐国的好处,却无伐楚的害处。是否听从我陈轸的计谋,预知事情的反复逆顺,那就全看大王的定夺了。陈轸根据上述分析得出结论说:"计者,事之本也;听者,存亡之机。计失而听过,能有国者寡也。"(《战国策·秦策二》)陈轸认为,计谋是一切事情的根本,是决定国家存亡兴衰的关键,出谋划策错了或听了不正确的计谋,保国家安社稷是不可能的。

陈轸的这种看法不是就事论事的随口回答,而是对《战国策》思想体系基点的概括,直接指出了长短纵横之术的枢机。

《战国策·齐策三》在评论淳于髡的时候对这个问题表述得更明确。

楚军对孟尝君的封地薛发起军事攻伐,薛地危在旦夕。恰值淳于髡为齐国出使楚国返回,路过薛地。礼贤下士的孟尝君亲自到郊外迎接他,并向他诉说了薛的困境。淳于髡回齐国后,对齐王说:薛不自量力,为齐先王建立清庙,现在楚国执意要攻占薛,先王的清庙也处于危险之中。齐王考虑到先王的薛地清庙,"疾兴兵救之"。《战国策·齐策三》评价说:"颠蹶之请,望拜之谒,虽得则薄矣。善说者，陈其势，言其方，人之急也，若自在隘窘之中，岂用强力哉？"这就是说，排忧除难，只要善于说辩，巧用计谋，根本不用费大力气去乞求救援。

战争，是决定战国诸雄胜败存亡的直接手段，但是《战国策》却认为，计谋比攻战更重要。苏秦游说齐王说，攻战的胜败不在于军队自身。虽然有百万军队，也可以使他们败在我们的帷幄运筹之中。虽然对方有阖闾、吴起那样的军事家，也可以通过谋划，把他们俘虏擒获。只要计谋巧妙，可以使千丈高的城墙倒塌于推杯换盏、品尝美食佳肴之间，可以使百尺高的战车折断于卧榻之上。计谋高妙得当，在钟、鼓、竽、瑟的乐调不绝于耳之时，扩展土地的愿望即可如愿以偿，在音乐与优伶的笑声不绝于耳之时，各个诸侯国便会同日前来朝拜。苏秦的这番议论是对智谋韬略的高层次理解，他所关心的不是一般的计谋，而是事关国家兴衰、统一天下的大政方略，他认为这种大政方略不仅能胜于雄师百万，而且能四两拨千斤，得胜于弹指一挥之间。

《战国策·齐策六》记载：田单进攻被燕军占领的聊城一年有余，将士死伤很多，而聊城仍岿然不动。鲁仲连乃修书一封射入城中，以"智者不倍时而弃利，勇士不怯死而灭名，忠臣不先身而后君"，"效小节者不能行大威，恶小耻者不能立荣名"来游说守城将帅，并为其设上、中、下三策，最终说服燕军将帅，罢兵而去。《战国策》赞曰："解齐国之围，救百姓之死，仲连之说也！"这真乃一封书信胜过了千军万马。

陈轸的"计者，事之本也"，苏秦的计谋胜于雄师百万，鲁仲连的一书敌千军万马，都不只是纵横家游说之辞或个别事例，而是纵横家热衷于长短纵横之术，崇尚韬略智谋，追求奇谋异策的体现，因此构建成《战国策》思想体系的基点。在《战国策》中，无人不计，无事不谋，韬略智谋犹如一个神出鬼没的精灵，闪现于《战国策》的字字行行。这体现了战国纵横家对韬略智谋和权术奇策的特殊情感，以及纵横家与战国其他各家学派的根本区别。

由于人类社会活动内容的丰富性和复杂性，谋略及其实践在人类历史中一直起着非常重要的作用，无论是在政治、军事、外交斗争异常激烈的年代，还是在平稳的和平建设与发展时期，韬略智谋的作用都不容忽视。智谋韬略和权术奇策运用得当，会在政治上产生巨大的凝聚力，经济上产生强大的效益，军事上产生无形的战斗力，外交上产生灵活多变的契机，治国安邦上产生稳定的控制力。但是这些力量的产生是以适度运用为条件的，其范围和场合都需要适当。纵横家高度崇尚智谋韬略和权术奇策，视其为万事之本，把长短纵横之术当作能开千把锁的万能钥匙，时时事事都依赖于它，就必然导致对基础性问题的忽视，产生一定的负面效应。另外,作为个人若不堂堂正正、脚踏实地,而专以计谋智巧处世为人,很可能步入歧途。所以,纵横家对长短纵横之术的独钟是有其过当之处的。

2. 不拘一格的人才谋略

由于现实斗争的复杂、激烈与残酷,智谋为万事之本的观念为战国时期的人们所普遍接受,谋术成为战国诸君主与大贵族的追逐热点。《战国策》的内容多是君主与臣下、贵族与食客、游士谋臣之间商讨、制定、实施谋略,权衡谋略的利弊得失,谋划如何避祸争利、如何用最小的付出取得最大的收获。因为攸关生死存亡、社稷兴衰,国君或大贵族不得不高度重视并使用高谋妙策。而高谋妙策的拥有者则是那些胸怀经纶的士人,所以不拘一格、不择手段地选贤任能,成为战国纵横家长短纵横之术构建的重要一环,《战国策》对此用浓墨抒发。

在选贤任能的运作中,国君身居高位,囿于深宫大院,傲视一切,且了解情况又有限,所以常常徘徊于思贤又认为无贤的误区。齐宣王曾认为:"千里而一士,是比肩而立;百世而一圣,若随踵而至也。"(《战国策·齐策三》)为此,有见地的纵横家多次指出当今之世并非"无士",而是最高权力掌握者不识士、不爱士、不用士。人才济济,呼之欲出,召之即来,来则能谋、能斗,关键是要真正地识士、爱士、用士。《战国策·秦策五》针对赵王迁杀李牧、去司空马而感慨道，国亡"非无贤人，不能用也"。莫敖子华以楚灵王好细腰之例晓以王若好贤，皆可得而致之的道理。由于现实的压力和辅佐于其左右的纵横之士的开导，多数国君与权贵都能冲出"千里无士"这个误区，面对现实，选贤任能。

纵横家敦促国君与大贵族锐意于选用人才，其思想基础是深刻的功利之谋，他们清醒地把握着人才、智谋、成功之间的逻辑关系：

> 昔伊尹去夏入殷，殷王而夏亡；管仲去鲁入齐，鲁弱而齐强。夫贤者之所在，其君未尝不尊，国未尝不荣也。（《战国策·楚策四》）

> 欲决霸王之名，不如备两周辩知之士。（《战国策·东周策》）

> 贤人在而天下服，一人用而天下从。（《战国策·秦策一》）

> 国亡者，非无贤人，不能用也。（《战国策·秦策五》）

> 士贵耳，王者不贵。（《战国策·齐策四》）

> 寡人忧国爱民，固愿得士以治之。（《战国策·齐策四》）

> 万乘之君得罪一士，社稷其危。（《战国策·楚策

一》）

亡不能存，危不能安，则无为贵知士也。（《战国策·赵策一》）

去邪无疑，任贤勿贰。（《战国策·赵策二》）

人才是智谋的主体，而智谋则被视为国家兴衰的枢机。因此，各国激烈的竞争首先表现为招徕人才和正确使用人才。就《战国策》所见，受到纵横家推崇的选贤任能之术，主要有以下几种形式：

第一种形式是礼贤下士。

范雎受辱于齐，在魏齐的追杀中装死逃生。王稽带范雎到秦国后，范雎献书秦昭王陈述明主应赏有功、禄有能，圣王应知事之成败等见解，深得秦昭王赏识并被亲自接见。见到范雎后，秦昭王屏退左右，三次向范雎请教治国和统一天下的办法。范雎献上内政"强干弱枝"，外谋"远交近攻"之策。秦昭王茅塞顿开，废太后，逐穰侯，迁同胞弟高陵君、泾阳君于关外，拜范雎为客卿。

魏文侯会见贤士段干木，为了表示尊重人才，崇尚智谋，站着聆听段干木的真知灼见，即使非常疲倦也不敢坐下休息。

像范雎、段干木这样能享受到免去君臣之礼待遇者，只是少数名望高或智谋超群的士人，但君主的这种行动却表明了其思贤如渴的心态，能产生轰动一时的效应。

第二种形式是以师相待。

齐宣王召见颜斶，颜斶以"士贵王不贵"为命题，盛言明主应识士贵士，深深打动了齐宣王的心。于是齐宣王心悦诚服地要做颜斶的弟子。

这种情况在《战国策》中仅见一例，但在其他文献中却不乏这方面的实例，如魏文侯拜师于子夏、田子方，费惠公拜师于子思。国君拜师于名士高人，反映了他们笼络人才、提高自身谋略水准的急切心情，也产生了较好的社会效果。

第三种形式是平等相处。

对贤士平等相待，养有门客数千人的孟尝君是一个典型代表。冯谖破衣烂衫，求食于孟尝君，在他三发牢骚之后，孟尝君以上宾礼遇相待。更有甚者，是一门客与孟尝君之妾私通，为表明礼贤下士，孟尝君不但原谅了这位门客，而且还把他推荐给了卫国国君。

在战国这个等级森严的时代，孟尝君这种与士人平等相处的态度格外引人注目。特别是他在一些很使自己失面子的事情上依然能保持不愠不怒，心平气和，不走极端，是难能可贵的。

礼贤下士、以师相待、平等相处这三种尊重人才、吸引人才的做法，推动了战国时期的尊士之风，同时也加剧了人才的竞争。国君和权贵们展开了争夺士人的活动，其主要方式是官、爵、禄、奖、养，《战国策》所见的著名纵横之士无不与官、爵、禄、奖、养有着这样或那样的瓜葛。

淳于髡，早年是齐人的家奴，结婚后成为人家的赘婿，后因其善于诙谐调笑而被进奉给齐威王。借助于在齐威王身边的有利条件，以隐言说动齐威王，推动了齐国振兴。齐宣王继位后他仍为辅佐重臣。

张仪 30 岁成家，出山游说，在楚受辱后西至秦国游说秦惠王，惠王重用张仪为相，让他充分施展连横之策。后来秦武王逐张仪，张仪又到魏国为相。

苏秦，洛阳平民，在外出游说数君而无果的情况下来到燕国，燕昭王对他尊崇有加，"迎之于郊，尊显于庭"。经过数年的游说合纵斡旋，苏秦受到燕、赵、齐、韩、魏等国君的重视。苏秦去游说楚王，路过洛阳时出尽了风头。苏秦感慨地说："贫穷则父母不子，富贵则亲戚畏惧。人生世上，势位富贵，盖可忽乎哉！"（《战国策·秦策一》）

冯谖可以说是被奖、养的典型例子。冯谖投奔孟尝君后因其才能尚未被人们认识，"食以草具"，三次弹剑柄而歌要求提高待遇，均得到了满足，食有肉，出有车，母有养。

礼贤下士、以师相待、平等相处和官、爵、禄、奖、养等形式，实际上是一套较完整的招揽人才的谋略权术。前者侧重于对智能之士社会地位的肯定，在心理上给他们一种满足感、自尊感、自由感、平等感，让他们实现自己理想的美好憧憬，诱发他们自由发挥和充分施展聪明才智。后者则侧重于实实在在的物质利益，用对士人最有诱惑力的东西引导他们尽心竭力。战国时期的士人是自由的劳心者，可以自由思考，随意游说。但是，他们在发迹之前多为清贫之士，穷困落魄，无以为食。张仪本欲事魏王，但由于家贫无以为资，不得不先拜倒在须贾门下做幕僚；商鞅入秦之前是公叔痤一个很普通的家臣。这些清贫的士人由于亲身经历着贫穷的困苦，自然会由害怕贫穷而转向对物质财富的无厌追求，取得物质财富的最便捷途径则是以自己的知识、谋略权术获得高官厚禄。在实际游说、自我推荐的过程中，得到重用与享受荣华富贵是很不容易的事情。所以，诸国君主与权贵设置物质诱惑产生了巨大的吸引力，多数贫穷之士在看得见、摸得着的物质利益面前，发愤读书，四处游说，献计献策，表现出一种难以遏制的焦躁与激动，情不自禁地做起了"稻粱谋"的学问，走向以智慧权术换富贵的征途。

在选用人才和使用人才时，诸国君主与权贵最重视谋略权术所能带来的实际利益，对其出身来历、为人处世及道德品行往往忽略不计，秦王用姚贾破四国攻秦一事是个典型的范例。

楚、齐、燕、代四国联合攻秦，秦王政听姚贾的计谋，请姚贾携重金出使四国止其攻秦。事成之后，秦王政封姚贾千户，拜为上卿。韩非子对此事不满，认为姚氏家族世代为看门之人，姚贾在魏国是个大盗，在赵国被驱逐，享此殊荣不足以激励群臣。秦王政问姚贾有何面目再来见他，姚贾答曰：太公望，在齐国为老妇所逐，在朝歌卖臭肉，子良斥逐不用，垂钓于棘津，鱼不食饵，出卖苦力，又无人雇佣，但是周文王重用他就能得天下；管仲，是偏鄙小地方的小商人，贫贱于南阳，被囚禁于鲁国，齐桓公任用其霸天下；百里奚，虞国灭亡后沦为乞丐，被人以五张羊皮的价格卖到了秦国，秦穆公拜其为相而霸西戎；晋文公，用中山国盗贼的计谋，战胜楚国于城濮。这四个人，或出身卑贱，或身负罪名，无不受天下人的藐视，可是明君重用他们以后，都能为国家建立不朽业绩。如果臣下模仿卞随、务光、申屠狄等隐士，远遁于世外，那么国君又怎么能得到臣下效命的机会呢？由此看来，明君不计较臣下的出身和身上的种种污点短处，只明察他们的才能并委以重任。所以，那些为国家建立不朽业绩的贤臣，即使有人进谗言也不能听；那些名声传遍天下的高人，如果没有功劳也不能奖赏。这样，群臣就不会对大王您产生不切合实际的奢望。秦王政认为姚贾这番话很有道理，就再度重用姚贾，并处罚了进谗言的韩非。

姚贾是位道地的纵横家，他讲的用人道理是纵横家对历史经验的总结和对战国用人实践的认识,揭示出了纵横家人才谋略的原则:用其长,不计其短;赏有功,不务虚名。对于这一原则,鲁仲连有更形象的表述:

> 猿猕猴错木据水,则不若鱼鳖;历险乘危,则骐骥不如狐狸;曹沫之奋三尺之剑,一军不能当;使曹沫释其三尺之剑,而操铫耨,与农夫居垅亩之中,则不若农夫。故物舍其所长,之其所短,尧亦有所不及矣。(《战国策·齐策三》)

姚贾与鲁仲连的精辟见解与上述招徕贤士的诸种形式,争夺士人的官、爵、禄、奖、养,综合起来构成了战国纵横家成熟的人才谋略,这套人才谋略讲究实用价值,充满实用理性精神,把有无智谋和智谋的高低定为国君权贵取舍人才的唯一标准。国君权贵养客任贤的目的在于任智任谋,任智任谋不仅是富国强兵的重要途径,而且还成为世人评价国君权贵贤明的标准。由此,造成了一种不拘一格的选贤任能的场景和机制,士人以研讨治道权谋为他们飞黄腾达的现实出路,而许多达官贵人的文士都是颇有名气的纵横家,他们终生都是殚精竭智,为所辅佐的国君权贵谋划,苏秦、张仪、公孙衍、范雎、淳于髡等人均是一生显赫的为人谋者。在这个历史时期,国君权贵任用纵横家的策略权术在军事、外交、政治斗争中取得成功的事例比比皆是。很难想象如果没有苏秦、张仪、公孙衍、范雎、淳于髡等纵横家的帷幄运筹、出谋划策，战国的历史会是什么样的面貌。纵横家的人才谋略其实就是长短纵横之术在用人之术方面的体现，用人之长难能可贵，过于世俗功利却不可苟同。世俗与功利把不少有所作为的士人塑造成利禄之徒，甚至他们走上了唯利是图的邪路。

3. 以说为谋

具有纵横家特色的人才谋略，产生了巨大的社会影响，吸引着无数士人。通过游说向国君权贵献计献策，在游说之时自我推荐、自我实现，是战国纵横家为谋，施展长短纵横之术的又一特征。战国史实和《战国策》表明，游说不仅是战国纵横家自我推荐的主要手段，而且还是施展胸中韬略的有效形式，外交斡旋、进言上谋、权力斗争等往往都是在游说中完成的。游说是为了谋，其成了实施长短纵横之术的枢机。鉴于游说在长短纵横之术中的枢机地位，战国的纵横家都非常重视游说之术与游说之谋。

（1）洞察隐微，把握时势

为了达到游说的预定目标，在游说中取得成功，必须先了解社会，熟知世情、人情，把握事物的发展趋向。洞察隐微，把握时势是实施游说之术的第一步，是献谋与成谋的前提。倘若不明情况，乱发议论，臆揣献策，往往会碰壁而归。

张仪初次出山游说，却落魄而归，究其原因就是不明情况。张仪第一次外出游说选中了楚国，他认为楚国雄踞南方，疆域辽阔，物产丰富，人民富足，甲士百万，戎车千乘，铁骑过万，积粟可支十年，且楚自春秋称王，素有吞并中原之心。张仪根据这些表面现象，认为游说楚国定会成就大的气候。他欣然入楚，稽留数年。殊不知，楚威王刚愎自用，迷信武力，疏忽政治斗争，对纵横之士毫无兴趣，沉湎于娱乐、享受，不思奋发，重用嫉贤妒能之辈。虽然张仪用虚言欺诓、无风兴浪的手段从楚威王、南后等人那里骗得不少黄金和珠宝，但终因"失窃假案"而被驱逐出楚国。

苏秦初次到秦国游说，也是因为不了解全面情况狼狈而还。苏秦看到秦国东面开拓疆土到黄河，西南取得广袤的巴蜀之地，攻取楚的汉中之地，本土与巴蜀连成了一片，成为仅次于楚的第二大国，显示出吞并关东诸国的磅礴气势。基于这种情况，苏秦怀着志在必得的心情，兴冲冲入秦，以连横之策说秦惠王，可惜连续上书十次而说不纳。最后苏秦资用乏绝，去秦而归，回到洛阳家中时已是形容枯槁，面目黧黑。看到他这种落魄而还的狼狈相，"妻不下纴，嫂不为炊，父母不与言"（《战国策·秦策一》）。秦惠王之所以不用苏秦之策，不是苏秦之说毫无道理，纯属荒唐，而是因苏秦只知秦之地形、国力和形势，不知秦之张仪正在成功地进行连横，初出茅庐的苏秦怎能与老谋深算的张仪相抗衡。

张仪、苏秦这两位大纵横家初次出山游说失利的教训表明，全面掌握时势、格局、政治内幕，是游说成功的基础，是受重用、博荣华、得富贵的前提。全面掌握时势格局、政治内幕，具体来讲主要有以下几个方面：

①熟知诸国的政治、军事、经济、地理、外交等情况。

对于一个纵横家而言，诸国的政治、军事、经济、地理、外交等形势格局实际上就是一个施展才华的大环境，如果不了解这个环境，不把握这个环境，就无以施展满腹的韬略智谋。《战国策》中，成熟的纵横家都注意搜集各方面的信息，作为自己游说的基础。张仪说魏惠王与秦连横，认真分析了魏国的地势易攻难守，三十万的兵力不足以抵抗进攻，合纵联盟极不可靠等情况，打破了魏惠王合纵与秦抗衡的幻想。张仪说服魏惠王就范，很大程度上是因为张仪对魏国的政治、军事、经济、地理、外交等情况有较精确的了解。

②熟知国君权贵的智能、性格和心态。

这就是苏秦从《太公阴符》之谋中概括出来的"揣摩"。战国的纵横家所从事的游说权谋活动，主要发生在人与人之间，他们面对的是形色不一、性格心态各异的人。欲在斗争中占据主动，就必须有更高一筹的谋略，而更高一筹谋略的策划、选择和运用，都需要视对方的特性而定。人是一种高智商的社会动物，其身心远比军事、经济、外交等活动微妙复杂，所以"揣摩"更重要，更深奥。司马熹说赵王时，就充分发挥了"揣摩"的作用。司马熹对赵王说："今者，臣来至境，入都邑，观人民谣俗，容貌颜色，殊无佳丽好美者。"以赵无美女引发赵王的兴趣。然后又说："以臣所行多矣，周流无所不通，未尝见人如中山阴姬者也。不知者，特以为神，力言不能及也。其容貌颜色，固已过绝人矣。若乃其眉目准頞权衡，犀角偃月，彼乃帝王之后，非诸侯之姬也。"这番对阴姬的形容描绘，说得赵王心旌摇动，表示"吾愿请之"（《战国策·中山策》）。司马熹回中山国后，以赵王欲娶阴姬为缘由，诱使中山王立阴姬为后。在这次成功的游说中，司马熹揣摩透了两个人的特殊心理，利用赵王好色的心理，巧使其表示欲娶阴姬；利用中山王怕赵王娶阴姬的心理，而迫使他立阴姬为后。

③把握事情的发展趋势。

事物是发展变化的，在战国这个复杂多变的时代，事物的变化比任何时候都更大、更快。纵横家所要谋划解决的问题大都棘手多变，解决问题的方案需要有准确的预见性或更大的超前性。只有在充分了解、掌握现实情况的基础上，正确把握事情的发展趋势，才有可能制定出行之有效的谋略。战国的纵横家很善于预测事情的发展趋势，并有一套严密的分析、判断、推理方法。《战国策·赵策一》中，苏秦说赵权臣李兑时，先分析赵秦讲合，将会引起"天下争与秦"，然后又指出可能出现的六种情况和每种情况对赵国、对李兑的不利之处，最终说服李兑，使赵国绝交于秦国。

《战国策》把游说的洞察隐微概括为"时"、"势"与"权"。所谓"时"，即时机、机遇，也就是客观事物在发展变化过程中造成的机会和条件。所谓"势"，即不易改变的事物发展趋势或必然性。所谓"权"，即权变，根据事物的发展提供的机遇，灵活地采取相应的对策。《战国策》有时把"时""势"分别对待，有时则"时""势"连用。事实上，"时"与"势"是联系在一起的，现实的机遇是由事物发展的必然趋势酿成的，而机遇本身又影响或预示着新的发展趋势。游说、谋略必须做到把握"时"与"势"，善抓机遇，顺应趋势潮流。《战国策·西周策》的"夫本末更盛，虚实有时"，简练地阐述了事物并非固定不变，而是呈现出更替消长、盛衰迭代、虚实隐现这样一种时势不断、发展变化、具有周期性与阶段性的特点。

《战国策·秦策三》有一段关于时势造英雄的论述：

> 圣人不能为时,时至而弗失。舜虽贤,不遇尧也,不得为天子;汤、武虽贤,不当桀、纣,不王。故以舜、汤、武之贤,不遭时不得帝王。

圣人英明伟大,但他们只有及时抓住机遇,顺应历史发展潮流才可有所作为。舜虽是德才兼备的贤人,如若不遇到尧的禅让,当不了天子。汤、武虽是难得的英才,如若没有桀、纣昏乱,不会有汤武革命。既然时势造就圣人、明君,那么就必须善于解决时与权的问题,"是以圣人从事,必藉于权,而务兴于时。夫权藉者,万物之率也;而时势者,百事之长也。故无权藉,倍时势,而能成事者寡矣。"(《战国策·齐策五》)所谓权者,适应时势所需要的权变与对策。在时势一定的情况下,牢抓机遇的权变异常重要,若无善抓机遇的权变的能力,再好的机遇也会悄然溜走。所以,《战国策》特别强调看清时势、牢抓机遇,只有两者辩证统一,才能成功。《战国策·赵策三》借商贾买卖表达出同样的观点,"夫良商不与人争买卖之贾而谨司时。时贱而买,虽贵已贱矣;时贵而卖,虽贱已贵矣。"这里表面上说的是掌握价格变化规律和利用时间差贱买贵卖,实际上是借此提示人们要善于掌握事物发展趋势,抓住机遇果断决策。

把《战国策》所讲的"时""势""权"三者联系起来看,把握事物发展趋势,抓住时机,可谓洞察隐微;捕捉机遇,随机应变,英明决策,果敢动作就是把握时势。

（2）因情进说，能言善辩

战国纵横家在掌握各方面情况的前提下，可以设计出适宜的制胜谋略，但是要实施这些谋略，首先是要说服其游说或辅佐的对象，而这些对象大都是头脑活、智商高、素质好、有主见的国君权贵。说服他们，不仅要以最佳的谋略为基础，还要能言而又善辩，口若悬河而又天衣无缝，随机应变、见机行事而又不游离主旨。《战国策》的许多记载，展现出纵横家高超的游说技巧。

技巧一："陈其势，言其方"。楚国军队攻伐孟尝君的封地薛，在万分危急之中孟尝君恳请淳于髡谋解薛之危。淳于髡面见齐湣王说："先君齐威王之庙在薛，倘若楚军顽强进攻，先君宗庙必危。"齐湣王为保护宗庙急速发兵援薛。《战国策·齐策三》评论此事说："颠蹶之请，望拜之谒，虽得则薄矣。善说者，陈其势，言其方，人之急也，若自在隘窘之中，岂用强力哉！"

据这个评论，惊慌低下地乞求援助，虽然有可能得到，但非常少。那些善于游说的纵横家，则充分陈述形势，盛言其方略，让听者进入角色，就像他自己处于困境中一样。若达到这种层次，根本不需要去可怜地乞求。这种方法，用现代话说就是不卑不亢，以理服人，以情动人。《战国策·宋卫策》记录了一个很有意思的故事：一卫人结婚，新娘上车后的第一句话是问拉边套的骖马是不是借来的，当知道骖马是借来的,她便嘱咐驾车者,鞭打骖马,不要鞭打辕马。到新郎家门口时,新娘对搀扶她的伴娘说,把灶里的火灭掉,防备失火。新娘进房后看到舂米的石臼说,把它搬到窗下边,不能放在这里妨碍走路。新娘的这几句话引得人们大笑。《战国策·宋卫策》评论此事说:"此三言者,皆要言也,然而不免为笑者,蚤晚之时失也。"

这个评论是很中肯的。新娘所讲的三句话都是很重要的,其之所以遭到大家嘲笑,是因为说的不是时候,讲的不是场合。《战国策》讲述这个故事,是提醒纵横家在游说、献谋的时候要牢记言忌失时这个准则。谋略设计要审时度势、善抓机遇,游说推销谋略要眼观六路、耳听八方,讲究时机与场合,免得闹出卫国新娘言失其时的笑话。

技巧二:分析比较。通过各方面条件的分析与比较,说服对方接受建议,按其所设计的谋略行事。张仪游说楚与秦连横时用的就是这种方法,他从以下几个方面进行了分析比较。

①疆域:

秦:地半天下,被山带河,四塞以为固。

楚:易攻难守。

②兵力:

秦:虎贲之士百余万。

楚:与吴人五战三胜而亡矣,陈卒久矣。

③外交：

秦：韩入臣，魏闻风而动。

楚：合纵有害而无益。

④民情：

秦：士卒安难乐死。

楚：居民苦矣。

通过这几方面的分析比较，楚王相信自己的条件远不如秦，断然决定以国从秦。这种分析比较法是战国纵横之士常用的有效方法之一。

技巧三：讲求辩证，晓以利害。用辩证的方法分析事物的两面性、认识事物的可转化性，不能仅见其一不见其二，仅见其表不见其里，仅见今天不见明日。《战国策·赵策一》中的《魏文侯借道于赵攻中山》是一个很典型的例子。魏文侯欲攻中山国，向赵国借路，赵侯认为这不利于赵国，欲拒绝。然而策士赵利却不这样认为，他辩证地分析了同意魏借道灭中山的利害关系：魏攻中山而不能取，则魏必然受到创伤，魏受创伤又会使赵国的地位相对提高。如果魏攻灭了中山国，一定不能越过赵国而占据中山。这样，发兵攻占中山国的是魏国，而得利得地者则是赵国。鉴于这种情况，赵侯不仅应该答应魏国借道，而且还要鼓励其借道。如此，魏国就会认为借道征伐中山可能有利于赵国，必然中止借道要求。目前最好的办法是痛痛快快地借道给魏,并且做出一种不得已而为之的姿态。

赵利辩证地分析,得出结论是借道有利于赵,同意借道反而会使魏国不再借道,这种分析巧妙而清晰,确实令人折服。

技巧四:循循善诱,步步深入。国君权贵在一些较特殊场合时,会拒绝一切游说者进辞,不允许游说者献策,始终固执己见。遇到这种情况时,高明的进说者就会适时地采用循循诱导的办法,让听者顺着自己的思路一步一步地接近主题。《战国策·赵策四》触龙说赵太后采用的就是这种方法。赵太后刚刚主持政务,秦国攻赵国使赵国形势危急。赵国求救于齐,齐国的答复是必须以长安君为人质,方可出兵。赵太后不肯。群臣不断进谏赵太后,使赵太后大怒,声言若有人再提让长安君为人质的事,一定要吐他一脸唾液。这种情形下,说服赵太后成为很困难的事情。面对这种水泼不进、针扎不入的局面,为了赵国的长远利益,左师触龙采取了这样几个步骤顽强进说:

首先,以自己年迈体衰的切身感受,引发对太后的关心,问候太后身体安否。这种极有人情味的问候使赵太后盛怒的情绪有了很大的缓和。

其次,谈自己爱怜儿子,使赵太后对爱子这个话题感兴趣,诱赵太后进入谈话主题。

再次,讲赵太后爱女儿燕后超过了儿子长安君,使赵太后由感到奇怪而同意自己的看法。

最后，以历史经验为依据，讲爱子应该有长远眼光的道理，劝赵太后同意长安君为质于齐。

触龙言之情深，语之意切，以情动人，以理服人，循循而进，渐近主题。能在赵太后成见颇固、盛怒拒谏的情况下使其改变主张，不能不说是一次非常成功的游说。

技巧五：以利诱惑，以害恫吓。趋利避害，小付出，大收获，是国君权贵思考问题、处理政务的基本原则。战国纵横之士对此有很清晰的认识。他们游说施展才能的时候，经常以种种好处诱惑国君权贵赞同他们所设计的方案，以种种利害恫吓其不敢越雷池一步。两者或先或后，一张一弛，相辅相成。张仪辅佐秦国，受秦文化的影响，依仗秦国的实力，在游说时最喜欢使用这种方法。《战国策·魏策一》记载，张仪说魏与秦连横时，先威胁魏襄王如果不臣服秦国，秦将发兵攻河外之地，断赵国南通的道路。赵国不能南通，魏国当然也不能北通。南北断了往来也就等于断绝了合纵的路，魏王欲求国家没有危险是不可能的。威胁恫吓之后，张仪又诱以助秦攻楚的好处。张仪说，秦欲削弱的是楚国，而能削弱楚国的是魏国，魏国南伐楚国，一定能够胜利。这样一能亏损楚而补益于魏，二能攻伐楚而友善于秦，三能对内嫁祸安国。魏王经张仪这样一恫吓一诱惑，最终同意与秦连横，攻伐楚国。张仪的这种方法也是一种心理战,以咄咄逼人的气势先在心理上使对方产生惧怕感,然后再以利益相诱惑迫使对方就范。

技巧六:能言善辩,充分发挥语言技巧。游说是通过语言技巧使既定的谋略权术付诸实践,达到预定目标。高超的谋略和游说技巧,都需要借助于语言来表达和实施。所以很多纵横家都有很好的语言修养,练就了一副能颠倒是非的伶牙俐齿。体情状物,能生动形象;论证说理,能缜密透彻;铺张扬厉,犹如暴风骤雨;简明犀利,则恰似轻刀快马。言及地形,往往是南、北、东、西;说及国势强弱,每每左、右、内、外俱到;论及武器,革车、长弓、劲弩样样精通;讲及攻守,越山涉河,固险扼塞如数家珍。苏秦说秦惠王时,铺陈秦国的地理条件和物资军备方面的优势,在"古者使车毂击驰"以下,连用十二组排比句,说明欲称雄天下,须废文任武。言辞生动形象,虎气生生,铿锵有力,听者不能不为之所折服。

是否能言善辩,直接关联着游说能否成功。难怪张仪在楚受辱回家后的第一件事,就是请其妻视其舌头还在否。当其妻说舌头确实还在,张仪表示出了极大的满足,因为这三寸不烂之舌是他博取荣华富贵、施展才华的重要工具。

在战国诸学派之中,不乏游说推销自己的学说者,其学说中也不乏治国处事之谋者。然而,纵横家突出游说,以说为谋,高度讲求游说技巧,是其他各学派所无法比拟的。也正是这一点，为纵横家的长短纵横之术增添了异彩。由于纵横家刻意追求游说为谋的技巧，杜撰、夸张和诡辩也就随之而生，由此而产生的不良效应对当时和后世都有着一定的影响。

4. 林林总总的长短纵横之术

复杂多样且变化剧烈的战国社会，犹如滋生万物的沃土，生于斯、长于斯的纵横家，思若泉涌，奇谋异策层出不穷，长短纵横之术变幻莫测，《战国策》中的韬略智谋、权术奇策也因此而绚丽多姿，五彩缤纷。

（1）强化君权的驯臣之术

国君是国家的最高政治、军事首脑，大臣则是国君的股肱爪牙。战国纵横家都认识到由两者组成的统治阶层是国家治乱兴衰的关键所在，能否富国强兵、生存发展均取决于这个集团。因此，在他们的谋略库中，主圣臣贤成为第一要求。

蔡泽在游说秦惠王时说："主圣臣贤，天下之福也；君明臣忠，国之福也；父慈子孝，夫信妇贞，家之福也。"（《战国策·秦策三》）在主圣臣贤这个链环之中，君居于主导地位，有贤臣而无明君国家照样会灭乱。"是有忠臣孝子，国家灭乱，何也？无明君贤父以听之。故天下以其君父为戮辱，怜其臣子。"(《战国策·秦策三》)这样的历史悲剧比比皆是：殷商的比干忠诚无限，但因无明君终不能存殷；春秋吴国的伍子胥智谋不凡，但因无明君终不能存吴；春秋晋国的申生孝顺听命，但因无明君终不能免于祸乱。

为了让楚威王明白国君自身的重要性，楚国莫敖子华以楚灵王好细腰的历史典故来形象地说明这个道理：

楚的先君灵王喜欢细腰，楚国的士人们都为使腰细而节食，个个都饿得立不直，站不起。虽然肚子非常饿，但都强忍住不吃饭。饿死是很可怕的，可是大家都不回避。子华从这个故事中得出结论：如果国君喜好射箭，那么大臣也就会喜欢射箭。依照子华的这个逻辑，国君的举手投足、政治风格等都势必影响到国家的政治，因此国君一定要严格要求自己。至于如何要求，应该怎么做，战国纵横家们对不同的国君提出了不同的要求，设计出有针对性的治国方略。

强化君权，是战国时代的要求，战国纵横家们在这个问题上的认识基本一致。范雎游说秦昭王时，分析了秦国的情况，认为太后、穰侯、高陵君、泾阳君四贵独擅利害，制生杀之权，当务之急是去四贵，强君权。针对秦国的文化背景与具体国情，范雎尖锐地指出了强化君权的重要性。他说："臣未尝闻指大于臂，臂大于股，若有此，则病必甚矣。"(《战国策·秦策三》)并且打了两个形象的比喻：

百人共持有一个瓢疾步快走,这个瓢必定会被扯碎,其效果远不如一个人持瓢疾步快走;树的果实太多,树枝会被折断,断枝又会伤害树身。因此,"善为国者,内固其威而外重其权"(《战国策·秦策三》)。为了进一步说服秦昭王,范雎还列举了两个触目惊心的历史悲剧:淖齿掌握齐国大权,抽出齐湣王的筋悬挂在宗庙的大梁上,使其一夜之间悲惨而死;李兑受重用于赵国,缩减赵武灵王的饭菜供给,使赵武灵王百日饿死。深受四贵擅权之苦的秦昭王在范雎的策谋下,毅然废除四贵,推行远交近攻之策。

从国君的角度来看,强化君权的第一个问题就是臣必须忠于君,因此纵横家在为国君出谋划策时都非常强调这个问题。张仪游说秦昭王时说:秦国"伯王之名不成,此无异故,谋臣皆不尽其忠也"(《战国策·秦策一》)。赵武灵王在推行胡服骑射时,也认识到臣忠于君的重要性。他说,臣下侍奉君王,应竭尽忠诚,私下向君王进谏而不夸功,坦率回答君王提出的问题而不怨恨,不要违背君王的意愿来炫耀自己,也不要标榜自己的见解来沽名钓誉。赵武灵王对臣下的要求,已不只是行为上的忠诚,还涉及思想方面的驯化与臣服。战国纵横家紧抓国君对忠臣的渴望心理,在出谋划策时不仅提醒国君要留意臣下的忠诚度,而且不失时机地表达自己的拳拳忠心。范雎游说秦昭王时当即表示:臣死而秦治,死去比活着更有价值。苏秦、陈轸等人也都曾为自己的忠君进行过辩解与表白。

由于政治斗争的复杂性与人臣的良莠不齐,纵横家常常告诫君王要精于知人之术,兼听明察以辨忠奸。

知人是任人、用人的先决条件。君王任用臣下,不仅要知其德、知其能,更要知其心。作为一个国君,处于复杂的政治斗争的核心,手握生杀大权,可即刻使人飞黄腾达,也可马上使人脑袋搬家。游说国君的人或国君周围的近臣侍从,往往会出于不同的目的而发表不同的看法,甚至攻击、诬陷政敌,因此国君听谗言,诛忠臣,亡社稷的历史悲剧时有发生,"桀听谗而诛其良将,纣闻谗而杀其忠臣,至身死国亡"(《战国策·秦策五》)。齐王建不听众人苦谏,入朝秦,"处之共松柏之间,饿而死"(《战国策·齐策六》)。所以,国君的兼听明察是知人的核心环节,也正是因为如此,它进而成为存社稷、求发展的重要谋略。那些有所作为的战国纵横家常常提醒君王兼听则明,明察秋毫。为了更形象生动地说明这个问题,庞葱用寓言的形式提出了三人言成虎的命题:一个人说市场上有只大老虎,国君不相信;两个人说市场上有只大老虎,国君仍不相信;三个人说市场上有只大老虎,国君就不会不相信了。由于三人言而成虎是一个实实在在的社会现象,国君若想不为这种现象所蒙蔽,最好的办法是兼听明察。兼听就是不只听一面之词,各种说法都要听取和分析。

齐国邹忌根据自己生活中的切身体验，进言齐威王说，他自己确实不如徐公英俊，但他的妻子爱他，侍妾怕他，客人有求于他，因此都说徐公比不上他。现在齐地方千里，一百二十个城邑，宫女与妻妾莫不爱齐威王，宫廷大臣莫不畏惧齐威王，四境之内，莫不有求于齐威王。由此观之，齐威王受下边人的蒙蔽是很严重的。邹忌所言，句句在理又很贴近生活，深深打动了齐威王的心。齐威王下令："群臣吏民能面刺寡人之过者，受上赏；上书谏寡人者，受中赏；能谤议于市朝，闻寡人之耳者，受下赏。"（《战国策·齐策一》）

江乙对兼听与明察的关系认识得更清楚，他在和楚王讨论这个问题时有一段精彩的对话，江乙说："且人有好扬人之善者，于王何如？"楚王回答说："此君子也，近之。"江乙说："有人好扬人之恶者，于王何如？"楚王回答说："此小人也，远之。"江乙说："然则且有子杀其父，臣弑其主者，而王终已不知者，何也？以王好闻人之美而恶闻人之恶也。"楚王说："善。寡人愿两闻之。"（《战国策·楚策一》）江乙在这段对话中明确提出国君不仅要听赞扬别人的话，还要听攻击别人的话，只有这样才能了解那些隐藏的情况。

兼听是为了明察，即明察用人的当否、自身为政的得失和治国谋略的正误。所以明察不仅要兼听，而且要在实践中检验，"故明主不取其污，不听其非，察其为己用。

故可以存社稷者,虽有外诽者不听;虽有高世之名,无咫尺之功者不赏"(《战国策·秦策五》)。战国游说士人多有雄辩之才,三寸不烂之舌能颠倒黑白,起死回生。倘若单听其摆龙门阵很容易落入圈套,误用其人,误国误民。因此,以实践作为试金石来考核检验就显得格外重要。明察时务求有名有实,名实相副。范雎针对君王易迷惑于虚名而不察其事实这种情况,用"郑璞"与"周朴"的故事,提醒君王不应"眩于名,不知其实也"。

"郑人谓玉未理者璞,周人谓鼠未腊者朴。周人怀朴过郑贾曰:'欲买朴乎?'郑贾曰:'欲之。'出其朴,视之,乃鼠也。因谢不取。今平原君自以贤显名于天下,然降其主父沙丘而臣之。天下之王尚犹尊之,是天下之王不如郑贾之智也,眩于名,不知其实也。"(《战国策·秦策三》)范雎认为,郑国商人不被名字迷惑,谢绝购买与未雕之玉名声相同的鼠肉,是明智之举。就这点而言,秦国君远不如郑国的商人聪明,国君万不可陷入"眩于名,不知其实"的误区。为此,顿子把天下名实关系分为有其名而无其实、无其名而有其实、无名又无实三类,君王不仅要务其名,更应务其实。

明察,不仅要察其行,更要察其心,只有察其心才能把握忠与奸。察其心重要但却困难,人心隔肚皮,头脑中的想法外人看不见,摸不着,没有直接观察的办法,只能通过言与行来进行推测判断。例如:"乐羊为魏将而攻中山,其子在中山,中山之君烹其子而遗之羹。乐羊坐于幕下而啜之,尽一杯。文侯谓睹师赞曰:'乐羊以我之故,食其子之肉。'赞对曰:'其子之肉尚食之,其谁不食!'乐羊既罢中山,文侯赏其功而疑其心。"(《战国策·魏策一》)再如:秦国伐齐,齐威王命章子为将率军拒秦,章子使将士变换其徽章和军服混入秦军,探马以为章子率军投秦,连续三次向齐威王报告章子投敌的情况。齐威王却胸有成竹地回答说:章子不会背叛的。果如齐威王所料,章子击败了秦军。事后有人问齐威王是怎么知道章子不会投敌的,齐威王说:"章子之母启得罪其父,其父杀之而埋马栈之下。吾使者章子将也,勉之曰:'夫子之强,全兵而还,必更葬将军之母。'对曰:'臣非不能更葬先妾也,臣之母启得罪臣之父,臣之父未教而死。夫不得父之教而更葬母,是欺死父也,故不敢。'夫为人子而不欺死父,岂为人臣欺生君哉?"(《战国策·齐策一》)魏文侯在睹师赞的诱导下根据乐羊啜其子肉羹揣测乐羊有狼子野心,齐威王依章子不更父命判断其不会叛齐投敌,都是根据一定的事实,通过逻辑推理而得出结论。在这里,推理逻辑与评价标准很关键,倘若逻辑推理不正确或评价标准不客观,很有可能得出不正确的结论。活跃于战国时期的纵横家,都是实实在在的社会活动家,看重的是那些能看得见、能摸得着的东西，他们认为"为名者攻其心，为实者攻其形"（《战国策·韩策三》)，强调攻心攻形各有其功用。

从国君这个视角看，主圣臣贤，兼听明察，最终的目的都是使臣下尽心竭力为国君效劳。对君而言，臣既是被驾驭的对象，又是君之股肱爪牙；既是君王统治人民、治理国家的工具，又是掌握一定权力，有思想，有个性，充满社会能量的活生生的人。欲使其忠心耿耿，不能只靠他们本人的自觉，还要靠驯服驱使与控制。纵横家在这个问题上的基本主张是赏有功、禄有能。范雎献秦昭王书说：

> 臣闻明主莅正，有功者不得不赏，有能者不得不官，劳大者其禄厚，功多者其爵尊，能治众者其官大。故不能者不敢当其职焉，能者亦不得蔽隐。（《战国策·秦策三》）

乐毅在给燕昭王书中说：

> 臣闻贤圣之君，不以禄私其亲，功多者授之；不以官随其爱，能当者处之。故察能而授官者，成功之君也。……臣闻贤明之君，功立而不废，故著于春秋。（《战国策·燕策二》）

赏有功，禄有能，就是要在君臣关系上建立一种欲得重赏就需立功，欲为高官要有才能的人才录用机制。在纵横家的鼓动下，国君牢牢把握着赏与禄的权柄，充分发挥赏与禄的杠杆作用。甘茂逃亡出秦,将要到齐,苏秦为秦王谋划说,茂有才能但非恒士,又累世居于秦,不宜使其出走,应"重其贽,厚其禄以迎之"。秦王当即决定"与之上卿,以相迎之齐"。齐国也看中了甘茂的才能,齐王决定"赐之上卿,命而处之"(《战国策·秦策二》)。公叔痤为魏将,与韩、赵战于浍水之北,擒赵将乐祚。"魏王说,郊迎,以赏田百万禄之。"(《战国策·魏策一》)战国时期的政治活动家,除鲁仲连等个别清高之士外,大多数非超凡脱俗之人,他们的骨子里少不了对财富的追求。以公叔痤为例,魏王赏其田百万,公叔痤以这次胜利是吴起"余教"的结果为由,请求魏王把这些东西赏赐给吴起的故人和在前敌立功的巴宁、爨襄等人。魏王认为公叔痤还是应该赏的,"故又与田四十万,加之百万之上,使百四十万"。对这件事,《战国策》评价说:"故《老子》曰:'圣人无积,既以为人,己愈有;既以与人,己愈多。'公叔当之矣。"(《战国策·魏策一》)

由于赏有能、禄有功既发挥了君王在君臣关系中的主导地位,又符合时代发展的需要,所以它在强化君权的驯臣谋术中发挥了激励和鞭策的作用,驱使着众多的臣下为君王卖命。

纵横家虽然为君王强化君权提出了行之有效的谋略,但由于他们与君王不是站在平等的基准线上,当君王真正掌握了驯臣之术后，为他出谋划策者很可能成为被谋的对象或自身策谋的牺牲品，自食其果。商鞅变法，为秦国的强大与发展作出了重大贡献，但后来秦惠王车裂商鞅的一个原因就是有人言："大臣太重者国危，左右太亲者身危。今秦妇人婴儿皆言商君之法，莫言大王之法。是商君反为主，大王更为臣也。"(《战国策·秦策一》)

在自身的进退问题上，赵国的张孟谈有更深刻的认识。他在辅佐赵襄子巩固了政权之后，提出了"捐功名去权势以离众"的隐退要求，理由是"主势能制臣，无令臣能制主"，"臣主之权均之能美，未之有也"(《战国策·赵策一》)。张孟谈急流勇退的明智做法，事实上是一种自我保护措施，在国君握有生杀予夺之权的大前提下也只能如此了。

纵横家的旨在强化君权的驯臣之术本身没有非常值得称道的地方，与儒家、法家是不能同日而语的。但是，它作为长短纵横之术的一部分却是不能缺少的。国君是纵横家游说施谋的最重要对象，而国君在政治、军事、外交等方面的成功，首先是要有忠诚的股肱之臣及行之有效的驯臣之术。所以，纵横家的驯臣之术只有纳入长短纵横之术的体系中，才可显示出它的价值。

（2）内部政治斗争的制胜权术

战国纵横家游说为谋，合纵连横，不能不卷入政治斗争的旋涡之中。他们要谋事、谋利、谋人,同时又为国君权贵或他人所谋,谋事、谋利、谋人犹如逆水行舟,不进则退,不胜则败。胜则叱咤风云,飞黄腾达;败则狼狈不堪,众叛亲离。因为内部政治斗争的结局是纵横家成败的重要衡量依据,所以在这种斗争中必须掌握主动权,制权操柄。在长期而复杂的谋略实践中,战国纵横家摸索出一系列适于内部斗争的长短纵横之术。

第一,满足需要,投其所好。

心理学家认为,社会上每个人的行为动机都受不同需要的支配,这些需要大致可分为生理需要、安全需要、社会需要、尊重需要、自我实现需要等五个层次。这五个层次又可以归纳为物质需要和精神需要两个大的层次。战国纵横家们虽然没有现代心理学家精致的理论,但他们在实践中熟知人们的各种需要。或物质需要,或精神需要,或人生理想,或奋斗目标,根据不同人的不同需要,投其所好,创造条件,满足其需要,换取对方的感激与大力支持。热衷于社会政治活动的战国士人,其需要是多重性、综合型的,物质需要与精神需要兼具,不同层次的需要混杂,所以统治者投其所好,常常以富贵名利这种融物质与精神需要为一体的方式赢得他们的心。

燕太子丹见秦灭各国,燕国危在旦夕,谋得勇士荆轲,尊为上卿,让他住最高级的房子,太子丹天天前去问候,供奉太牢,时常送上车马、美女,尽量满足荆轲的各种要求。太子丹的做法感动了荆轲,最终使荆轲走上了以死刺秦王的险途。

齐国的孟尝君田文养士数千人,他收买士人的做法受到人们的称道。齐人冯谖贫穷不能自立,投奔到孟尝君门下,孟尝君因其自称无好无能,食以素食。但冯谖三次弹其剑而歌,索食鱼,要车骑,求养家之资。孟尝君对冯谖的要求不但不反感,还无条件满足,终使冯谖心悦诚服,为孟尝君出谋划策,营造"三窟",救孟尝君于危难之中。由于孟尝君养士有术,忠之者甚多,诸多士人愿为其献身、掩短、收士,所以他有惊而无险,立于不败之地。

晋国的豫让,最初投奔范氏和中行氏都不受重用,去范氏和中行氏而投奔智伯,受到智伯尊崇。及韩、赵、魏三家灭智氏,赵襄子把智伯的头颅制成饮器。曾受智伯尊崇的豫让发誓要刺杀赵襄子。第一次他变名易姓,乔扮为刑徒之人,到赵襄子家中修理厕所,伺机行刺,结果被赵襄子识破,刺杀未遂。第二次豫让又用毒漆使身上长满恶疮,剃去胡子眉毛,用刀自毁容貌,吞炭变声音,扮作乞丐再次刺杀赵襄子。虽然因赵襄子高度警觉,豫让两次刺杀均未遂,最终伏剑自刎,但这个故事充分证明了统治者投其所好不失为笼络人心、收买士人的良策。

满足他人的需要,投其所好,不仅可以换取士人的效力卖命，而且可以使某些贪图名利的权贵为了个人的蝇头小利而出卖国家利益。

赵之权臣李兑，一直希望扩大自己的封地。齐人为了完成灭宋大计，发动合纵拒秦军于函谷关，切断秦国救宋的通道。合纵诸国军队在成皋之战中失利，同时又看穿了齐国合纵的真实目的，赵、魏等国与秦讲和退军。在这种情况下，齐国抓住李兑急于扩大封地的心理，许诺李兑，在攻下宋之后把最富庶的陶邑封给他。李兑明知齐攻下宋之后将会成为赵国的一大威胁，但为了扩大自己的封地，不顾赵国的根本利益，答应齐国继续率赵国军队抗秦，掩护齐人攻宋。

满足战国士人的物质与精神需要，急其所需，投其所好，首先是知其所需，知其所好，然后方能根据其需与好设置诱饵，在满足其需要之后，再结为朋党，制而用之。齐宣王的夫人死，有七个年轻的美妾都受到齐宣王的宠爱。孟尝君想知道齐宣王准备立哪个为夫人，便献上七副玉质耳饰，其中有一副最漂亮。第二天根据最漂亮耳饰的佩戴者来断定谁是齐宣王的最宠爱者，并劝宣王立其为夫人。这种通过小细节探得对方的心思，然后据其心思投其所好的方法为时人所称道，《战国策·楚策》、《韩非子》和《淮南子》中均有类似计谋的记载。

满足其需要、投其所好这种计谋，《战国策》简明地总结为"士为知己者死,女为悦己者容"。太子丹收荆轲、孟尝君礼冯谖、智伯尊豫让、齐国许李兑这几个故事中的计谋策划者,有的是纵横家,有的不是,所涉及的事件有的也与纵横活动没有太大的关联。但是应该看到,作为纵横家的教科书、长短纵横之术集大成者的《战国策》,用较多的篇幅记载这些人物和事件,足以表明纵横家对满足需要、投其所好之术的欣赏与追求。纵横家之所以热衷于此术,是因为它的使用效果的确突出,因此,它也成为长短纵横之术中不可缺少的一项。

第二,因人而异,制而用之。

人不仅有物质需要与精神需要,而且还有特征各异的性格和处世方式。物质需要、精神需要与性格、气质、处世方式相结合,使不同的人在思考、处理问题时会表现出不同形式或方法。因此,对不同性格、气质与处世方式者,应采取不同的对策。战国纵横家都谙熟此道,他们对于小心谨慎、观主上颜色行事的好好先生,用恫吓的方法控制,以主上对他如何不满意来要挟,使其惊恐不安,然后借其求助之机控制他;对于善于结党营私、攀附权势者,用釜底抽薪的方法,摸清他所依仗的人,然后以树倒猢狲散来威胁他,借此迫使对方就范;对于爱搞阴谋、背后做小动作者,用揭露、曝光的方法,使其因无地自容而俯首听命;对于阿谀奉承的马屁精,用怂恿的方法,对其阴谋或不正确的决策进行鼓动,使其因屡屡失误而早早地被弃出局;对于懒于交往、闭塞不通者,用进一步壅其视听的方法,让其在无知中弱化消失;对于昏庸迷乱、优柔寡断者,用令人眼花缭乱的权术进行迷惑,让其无所适从而控制他;对于胆小如鼠者,可用各种方法威胁他,使其因胆怯而退缩;对于刚愎自用者,可利用其自负,使其因一意孤行而败北;对于愚笨之人,可用不易被识破的诈术,使其上当受骗。

秦惠王欲伐齐国,但又患楚助齐,使张仪约车并币,南说楚怀王。张仪利用楚怀王愚笨自负又想扩大楚国版图的心理,以献商於之地六百里为诱饵,说其绝齐之交。由于张仪抓准了楚怀王的弱点,果如张仪所料,楚怀王不听陈轸劝告,贪小利而绝齐之交,后又怒伐秦国,兵败于杜陵。《战国策·秦策二》评论此事说:"计失于陈轸,过听于张仪。"

周策士颜率欲投奔韩相国公仲,公仲拒而不见,颜率便告诉公仲手下的联络官说:公仲对我的看法不好,所以不愿见我。事实上,"公仲好内,率曰好士;仲啬于财,率曰散施;公仲无行,率曰好义"(《战国策·韩策一》)。从今以后,我颜率不仅不会替公仲护短,而且还要把他好内、贪财、无行的所作所为公布于众。颜率的做法击中了公仲虚伪好名的要害,迫使公仲遽起而相见。

齐大臣张丑为人质于燕国,闻燕王欲杀他,仓皇出逃。逃至燕国边境,被守境官吏抓获。张丑对边境官吏说:燕王之所以要杀我,是因为有人说我有宝珠,但现在我已经把宝珠丢失了,燕王又不相信我。如果您把我解送给燕王,我就说你抢走了我的宝珠并把它吞到肚子里,这样燕王一定会杀死你,剖开你的肚子和肠子。欲得到国君的赏识,不应该用献宝的方式来取悦他。我如果被腰斩而死,你的肠子也会一寸一寸被截断。结果边境官吏因怕死而释放了张丑。张丑之所以能以计巧说人,死里逃生,是因为他抓住了边境官吏愚笨和怕死这两个弱点。

魏国温地的人来到东周,守城官吏不让他进城。温人理直气壮地说:我本来就是周国的人。守城官吏问他居住在哪个巷里,他却说不清,守城官吏当即把他给囚禁起来。周君知道此事后派人问他说:你本来不是周国人,为什么自称不是外地人?温人回答说:年轻时读《诗》,《诗》说:"普天之下,莫非王土;率土之滨,莫非王臣。"现在,周君既然统治天下,那么我自然就是周天子的臣民,为何成了客人呢?所以我说我是东周本国人。周国君听了这番顺耳中听的话,命官吏放其出狱。当时的东周不如一个中等的侯国,但却眷恋着天子的虚名。温人正是利用了东周国君这种特殊心态,使自己得以无罪释放。

战国的纵横家都有较灵活的头脑和善于观察、迅速抓住对方特性的能力，在丰富的策谋实践中娴熟地掌握了因人而异、制而用之的制胜方法。

第三，迂回借力，取利得逞。

在许多情况下，如果直接行动，正面交锋取胜有困难，因此必须改变方式，运用迂回借力的办法达到目的，得逞取利。

楚军到了伊阙山南，楚将吾得准备去羞怒周君。面对这种情况，一位无名策士为周君献计说：不如让太子带领有关官员去边境上迎接吾得，周君您亲自到郊外欢迎吾得，让天下人都知道您非常尊重楚将吾得。同时，再设法向楚王透露，周君馈赠吾得的东西，是一件名称为某的宝物。楚王听到这些话，必定会向吾得索要这件宝物，可是吾得根本没宝物可献。这样一来，楚王一定会怪罪吾得。这位无名策士所献的计谋实际上是在周君无力退楚军的前提下，运用迂回的办法，在楚王与吾得之间制造不和，借楚王之力退吾得之兵。

魏王要任命张仪为相国，这对早已垂涎于魏相国之位的公孙衍非常不利。经过考虑，公孙衍决定采用迂回借力的办法来解决这个问题。他派人对韩国的执政者韩公叔说：张仪已使秦、魏联合了起来，并约定魏进攻南阳，秦进攻三川。这样韩国必亡无疑。魏王之所以器重张仪，是想得到土地，由于魏、秦联合，韩国的南阳就有可能被攻下来。

既然事已如此，您为什么不将韩国的一些政事委派给公孙衍？由于公孙衍身居魏，脚踏魏、韩两只船，必定引起秦国疑心，中止秦、魏之间的联合，魏国会为图谋秦国而抛弃张仪，为拉拢韩国而任命公孙衍为相国。韩公叔认为这个策略对韩国有利，便将一些政事委派给公孙衍办理。公孙衍凭借与韩国的这种关系，利用魏王欲联韩谋秦的打算，果然做了魏的相国。在这件事中，公孙衍的目的是挤掉张仪，自己出任魏相国，但他不是直接与张仪交锋，也不是直接向魏王提出要求，而是通过韩公叔加重自身分量，离间魏、秦关系，使魏联韩拒秦，造成必须重用公孙衍的局面。

迂回借力之术不仅可以直接取利得逞，而且可以用于挑起他人争斗，利用他人争斗之机浑水摸鱼，达到个人目的。齐攻灭宋国后，没有按原先的许诺把平陆封给孟尝君田文，孟尝君对此耿耿于怀。于是，他就设法挑动秦相魏冉进攻齐国。但是不是直接请魏冉攻齐，而是从秦、齐欲以吕礼为桥梁联合说起，分析秦、齐联合，吕礼备受重用对魏冉多有不利，又鼓动魏冉阻止秦、齐联合并攻伐齐国，魏冉从中可得到"破齐定封，而秦、晋皆重君"（《战国策·秦策三》）的好处。在孟尝君的游说之辞中，只字不提自己的真实目的，完全是站在魏冉的立场上，为魏冉考虑如何不受吕礼排挤，又如何才能受到秦、晋等国的重用。精于此道的孟尝君对迂回借力之术的应用真是达到了炉火纯青的程度。

迂回借力,是战国纵横家在长期的谋略实践中锤炼出来的常用的长短纵横之术之一,由于这种方法能巧妙地把真实目的隐蔽起来,避开正面交锋,所以往往能收到意想不到的效果。

第四,栽赃陷害,嫁祸于人。

战国是个拼力气、争智谋、斗权术的时代,冷酷而激烈的现实斗争常常把人陷于困窘。不少纵横家在这种氛围中讲求现实,为事贵智。更有甚者,为了达到某种目的,可以不择手段地栽赃陷害,嫁祸于人,这成为战国纵横家谋略实践活动中不光彩的一页。

赵王重臣韩仓,为人嫉贤妒能,以歪曲邪恶之术迎合赵王,与赵王关系甚为密切。韩仓为铲除名将李牧,在赵王面前告黑状说:在赵王给李牧摆酒宴庆军功时,李牧暗自携带匕首,企图借上前给赵王为寿之机刺杀赵王。赵王轻信了韩仓的话,赐李牧死。李牧功勋卓著,忠心耿耿,从无刺赵王之心。再者,李牧先天不足,身大臂短,不能及地,为了不至于在问候赵王起居时失之恭敬,使人以木制假手臂接于胳膊,这种假臂自然无法刺杀赵王。以刺杀国君的罪名使赵王赐李牧死,完全是韩仓用栽赃陷害之术制造的历史冤案。

公孙衍入秦,受到秦昭王的赏识,欲重用之。秦昭王许以将位，并与公孙衍讨论攻韩国之事。公孙衍出任将军会影响到当时秦大将樗里疾的地位，于是樗里疾到处散布秦欲攻韩的消息。一时间，秦国上下无人不知秦昭王要以公孙衍为将军攻韩。秦昭王闻此十分恼火，樗里疾说很可能是公孙衍为了炫耀自己而有意散布的。秦昭王觉得樗里疾说得合情理，准备逮捕公孙衍前来拷问。可公孙衍早已吓得逃离了秦国，樗里疾栽赃陷害得逞。

栽赃陷害、嫁祸于人虽然是战国纵横家谋略活动中不光彩的一页，但它同样充满了心计的较量，斗智斗巧成为胜败的主要条件。倘智不胜、巧不若，可能由主动转为被动；倘智巧略高一等，可能由被动变成主动，转危为安，因祸得福。例如，张仪欲陷害陈轸于魏惠王，诬陷陈轸忠心耿耿服务于楚国，为楚国扩展疆土尽心竭力。陈轸欲在魏惠王面前辩解，但鉴于张仪备受魏惠王宠爱，他即使浑身是口也无济于事。最后在左华的策划下，陈轸遣策士把张仪的话转达给楚王，楚王大悦，委陈轸以重任。在这个事件中，陈轸之所以能转败为胜，是因为在认真分析把握事情的发展趋势之后，避开与张仪正面冲突，巧妙地借张仪之力，自重于楚国。

在这类计谋中，智慧的高妙体现在祸要嫁得自然巧妙，赃要栽得合乎情理。樗里疾以泄密惑众，以谎言栽赃，获得成功，是利用了这样一条常理：长期受冷落，被压抑的人,一旦受到重用与赏识,总会不由自主地得意忘形,炫耀于众人。正是因为这,秦昭王才坚信秘密是公孙衍泄露的,致使樗里疾的计谋得逞,公孙衍狼狈败北。

就纵横家的起源而言,其源于行人之官,然而就其活动内容而言,内部政治斗争是其他各项活动展开的基础。他们只有在内部政治斗争中克敌制胜,身居要位,手握重权,才能在更广阔的舞台、更高的层次,充分地施展自己的才华。因此,在纵横家长短纵横之术的武库中,内部斗争的制胜技术举足轻重,事关全局。纵横家内部争斗之术,大多是成功经验的总结,如果运用得当,善于借鉴,有可能长胜不败。但是,纵横家的内部争斗之术侧重于具体的操作权术,忽略了大智大勇,薄弱于雄才大略,在客观上突显了纵横家的局限性。

(3)外交斗争的制胜之术

如果说内部政治斗争是战国纵横家安身立命的基础,那么外交斗争则是这些纵横家施展才华的广阔大地;如果说改革变法是战国历史的主旋律,那么兼并与反兼并战争以及随之而来的合纵与连横则是当时的主要社会矛盾之一。在兼并战争这个社会主要矛盾的支配下,战国时期外交活动异常频繁,外交斗争错综复杂,而它们对当时社会所起的作用也非同一般。起源于行人之官的纵横家,对外交活动特别敏感，外交活动与外交斗争成为战国策士纵横家的强项，他们在这类活动中练就一系列制胜之术。

第一，鹬蚌相争，渔翁得利。

赵国伐燕国，苏秦受燕王委托到赵国游说赵惠王停止伐燕。苏秦见到赵惠王时不是单刀直入，直言赵国伐燕之事，而是先讲了个"鹬蚌相争，渔翁得利"的故事：路过易水，见一只蚌从水中出来，刚刚张开蚌壳晒太阳，专食鱼的长嘴鸟鹬就啄住了蚌的肉，蚌合住蚌壳，紧紧地夹住了鹬的嘴。鹬说：如果今天不下雨，明天仍不下雨，即会有死蚌一只。蚌说：你的喙今日出不来，明日也出不来，即会有死鹬一只。双方都不肯相让。鹬蚌正相持不下之时，被一个渔夫看到，便把他们一块擒获。苏秦把赵、燕比喻为鹬、蚌，把秦比喻为渔夫，奉劝赵惠王停止伐燕。赵惠王从苏秦的故事中悟出赵燕相战两败俱伤、秦得渔翁之利的道理，断然决定中止伐燕。

齐国欲伐魏国，淳于髡认为这是齐、魏两伤，秦、楚得利之举，便向齐王讲了"狗兔相逐，田父得利"这样一个类似于"鹬蚌相争，渔翁得利"的故事：韩国有条黑狗叫卢，是天下跑得最快的狗；东郭的兔子叫逡，是四海之内最敏捷的狡兔。黑狗卢追捉狡兔逡，围绕着山脚跑了三圈，然后又腾越五座大山，兔子在前面尽力地跑，黑狗在后面竭力地追。最后，狗和兔都因疲劳而死于追逐之中。

结果被农夫看见，农夫无疲劳之苦，却独擅其利。淳于髡把齐、魏比作狗、兔，把秦、楚比作田父，齐魏两国长久相互敌对，国力不堪，民力不支，待到双方精疲力尽之时，秦、楚即可不劳而获，擅农夫之利。

"鹬蚌相争，渔翁得利"和"狗兔相逐，田父得利"这两个故事都是提醒人们不要进行无谓的争斗，以免他人从中获利，但是又从反面表明挑斗借力、坐享其成是战国外交斗争中常见的谋略权术。从某种意义上说，合纵连横是战国外交活动的主要内容和外交斗争的主线，而合纵连横往往离不开借他国之力，挑起互斗的谋略权术。

合纵，合众弱以攻一强，从燕到楚，南北合成一个阵营，共同反对秦国。某一弱国被强秦攻伐、蚕食，仅靠自身的力量无法抵抗时，与他国合纵，借其他国的力量来抵抗攻伐。就被攻的弱国而言，是借用了他国的力量；就帮助被攻弱国的国而言，表面是助人一臂之力，实际上是在抵御活动中共同打击了强国，直接或间接地减少了强国对自身的威胁。从这个意义上讲，这也是在借他国之力。例如：公元前299年，孟尝君历尽艰辛从秦国回到了齐国，为报秦昭王欲杀之仇，联合韩、魏合纵攻秦，经过三年奋战终于攻破函谷关，危及咸阳。秦昭王割地求和，归还韩之河东地及武遂，归还魏之河东地及封陵，三国军队乃还。这次成功的合纵是相互借力、利用的结果。合纵盟主孟尝君曾为秦所拘，险丧性命，所以攻秦态度坚决，誓雪秦国之辱；韩、魏久受秦国攻击、蚕食之害，与齐联合攻秦，既有希望夺回失地，又能解被秦国欺侮的心头之恨；对齐、韩、魏三国而言，秦是它们共同的敌人，削弱秦国对它们来说不仅有眼前的利益，而且有长远的好处。

连横，事一强以攻众弱，秦国联合关东任何一国，连成一个横的阵营，攻击其他国家。秦国再强，也难以和联合起来的数个弱国抗衡，所以要争取友好国家，减少敌对力量，削弱与分化合纵诸国。秦国与某一国连横，是借对方的力量，而与秦国连横之国也是要利用秦国的力量来达到某种目的。例如：秦为了攻楚，便与韩、魏连横，设计上、下二策。上策是说服韩、魏与秦共同攻楚，这不仅能增强攻楚的实力，而且能减少楚与韩、魏联合的可能性；下策是说动韩、魏在秦攻楚时不偷袭秦，以便自己集中力量攻楚。张仪在这次重大的外交活动中，说动了韩、魏与秦连横，并使两国在秦楚大战时，出兵攻楚取地。这次战役，秦取得楚汉中之地600里，得力于韩、魏起兵，而韩、魏能以弱于楚的力量胜楚取地，是借了秦攻楚之力。

借用他国之力并不是心想事成，随心所欲，而是需要进行多方面的智慧周旋。在这个较量之中，最常用的手法是挑起欲借力之国与敌对国的仇恨，诱使其与敌对国相争相斗，最好是能倾巢出动，兵戎相见。由于齐、燕相邻，燕非常惧怕齐国强大之后北向伐燕,所以制定出"顿齐兵,弊其众,使世世无患"(《战国策·燕策二》)的基本策略。遵循着这个基本策略,苏秦率车五十乘,南出使于齐国,游说齐国伐宋。在这次游说中,苏秦极尽拨弄之能事,他说:齐国南向破楚,西向制秦,驱使韩、魏两国的军队和燕、赵两国的军队,如同用鞭子赶马一般。齐湣王您是当代杰出的君王,必定要以诛暴正乱、举无道、攻不义为己任。如今宋王射天笞地,铸诸侯国君塑像,侍立在路旁厕所里,拉开它们的双臂,用石子射它们的鼻子。对这种无道不义的人,大王如不征伐,难成大王的英名。况且宋居中原膏腴之地,齐与之相近相邻,与其从燕国得地百里,不如从宋国得地十里。举兵攻伐宋国,名义上是正义之举,实际上又能得到好处,可谓名利双收,一箭双雕。苏秦一席话,说得齐湣王三伐宋国,大获全胜。燕国挑起齐、宋相斗之后,即刻率军伐齐,大战一次,小战两次,使齐国疲敝不堪,燕王英名远扬天下。这次外交斗争手段清楚,目的明确,燕挑起齐、宋相争,是使齐、宋相削,借双方互斗之机,从中得到实惠。这类挑起鹬蚌相争并从中渔利的事例,在战国复杂的外交活动中数不胜数。

在挑起他国争斗时,最有效的办法是利用他们原来已有的矛盾,使宿敌重新展开新一轮的斗争。公孙衍唆使义渠君攻秦是这方面的典型例子。义渠君到魏国访问,魏相公孙衍对义渠君说：中原之国无事于秦，秦将会毁灭您的国家；中原之国攻秦，秦将会向您赠送重币，侍奉贵国，以求得援助。时隔不久，齐、宋、韩、赵、魏五国伐秦，东方形势吃紧。秦为了巩固西方，集中力量对付东方，听陈轸之谋，以"文绣千匹，好女百人"（《战国策·秦策二》）赠送义渠君。义渠君认为这正是公孙衍所预料的那种情况，于是乘机起兵袭秦，大败秦人于李帛之下。义渠位于秦之西方，素与秦国有隙，公孙衍正是利用了这一点，把义渠君引上了伐秦的道路，而义渠君伐秦也在客观上削弱、牵制了秦国，帮助了攻秦的五国。这次挑起义渠君伐秦，借义渠君之力助五国攻秦，公孙衍并没多费口舌，关键是利用了义渠与秦国的已有矛盾。

引起鹬蚌相争、狗兔相逐的方式是多样的，以权臣的个人利益为出发点来挑起争端从中得利，也是一种常用的权术。苏秦对魏惠王说："凡群臣之言事秦者，皆奸臣，非忠臣也。夫为人臣，割其主之地以求外交，偷取一旦之功，而不顾其后，破公家而成私门，外挟强秦之势，以内劫其主，以求割地，愿大王熟察之也。"（《战国策·魏策一》）苏秦虽然没有明确提出借力挑斗，但指出了权臣以权谋私是不可避免的，只要有以权谋私之心，这与被人利用挑起事端只是五十步与一百步的问题。例如：秦将白起大败魏军于伊阙之后，挥军南指进攻西周。民寡兵少的西周为了不被秦军吞噬，周最派人去游说赵将李兑，献上诱秦、魏复斗之策：李兑止秦攻周，周君必定感激李兑；秦不攻周必然要伐魏，魏欲抗秦，一定会求助于赵国，李兑也会因此而受到重用。这样，李兑可以同时从魏、赵与周三国受利。周最设计的这个计谋，最重要的一点是利用了赵国权臣李兑的以权谋私之心。

制造鹬蚌相争的局面，自己坐收渔翁之利是战国纵横家在外交舞台上常用的长短纵横之术。由于其目的是借他人之力，挑他人相斗，在操作过程中，一是要善于抓机遇，巧妙地利用其矛盾挑拨；二是要把真实的目的深深地隐藏起来，不可泄露；三是要长于思辨，用辩证的方法把借力挑斗对象的利益摆在第一位，从多方面讲如此这般的好处。

第二，欺诈反间。

这是一种欺骗讹诈之术，通过散布谣言，制造舆论，创立假象，献上貌似有利而实际后患无穷的计谋，或使两国之间产生矛盾，或使敌国统治集团内部发生纠纷，或使对方制定出错误的决策，形成有利于本国的形势格局。

张仪为秦国破纵连横，到楚国游说楚怀王时，公开指出苏秦以诈伪无信经营天下，并列举了苏秦诓骗欺诈之事：苏秦从事的合纵活动使天下诸国都坚信不疑，因此被赵肃侯封为武安君，还应邀做了燕国的相国。他就利用这有利的条件暗中与燕王谋划攻伐齐国，瓜分齐国的土地。为此，苏秦曾佯装逃罪来到齐国，齐王收留了他，委以相国之重任。过了两年，齐王察觉到苏秦的阴谋，盛怒之下车裂苏秦于市。

张仪说苏秦以诈伪无信经营天下，并不表明张仪是个正人君子。不论是在内部政治斗争中，还是在外交斗争中，张仪的诈伪诓骗之术似乎比苏秦更高明。张仪入秦为相国后，致力于连横活动，第一个连横的对象是魏国。为了打入魏国内部，进行有效的连横，张仪让秦惠王制造借口把自己罢相驱逐出境，为其打入魏国创造有利条件。魏惠王既恨张仪的屡次暗算，又想用他来辅佐自己走向强盛。于是，怀着矛盾的心情迎接张仪入魏。张仪入魏后，先是逼走惠施，说动魏、韩与秦连横，然后又挑动齐、楚、魏三国相斗，最后以利诱迷惑魏追随秦攻韩。张仪的活动使关东诸国连年攻伐混战，无力西御秦国，而秦国则利用这个大好的时机攻伐邻国，兼并土地。张仪的所作所为完全是一种欺诈的离间行为。在他制造各种事端，引诱魏和其他国家做出错误决策时，表面上往往是站在利魏的立场上。例如：张仪请求魏惠王允许他说动秦攻伐韩，魏则可以乘机向韩索取南阳之地。张仪的这个办法，表面上看起来是为了魏国的利益，实际上却是要引发诸侯混战，为秦创造有利的客观局势。

田单复齐，是一场艰苦卓绝的斗争。在这场斗争中，欺诈离间之术显示出了极大的威力。田单深知复齐仅靠孤城即墨和莒的力量难以奏效,所以他利用燕昭王去世,燕惠王即位之机,派策士到燕国大造舆论,散布流言说乐毅半年接连攻克齐城邑70余座,而数年之久却攻不下一个小小的即墨城,其目的是以即墨城和莒城为砝码,要挟燕王封他为齐王,永据齐国。燕惠王闻此言后怀疑乐毅暗藏野心,改用有勇无谋的骑劫到即墨前线,代替乐毅为统帅,乐毅逃往赵国。乐毅是一位有作为的将军,智勇双全,他辅佐燕昭王进行了政治改革,联合秦、韩、赵、魏伐齐。在伐齐的战争中,他严格军纪,重用齐之边民,宽其赋敛,除其暴令,修其旧政,显示出了大政治家、谋略家的风范与卓识。田单认为只有除去乐毅,齐国才有复国的可能,而除去乐毅的最好办法只能是欺诈离间。

在骑劫到即墨前线之后,田单根据当时的具体情况,利用骑劫有勇无谋的弱点,再次使用反间计,促成骑劫改变策略。由于即墨长期被围,守城士卒有不堪其苦而降燕者。田单命策士制造传言说:齐人最怕处降卒以劓刑,驱赶他们在阵前与齐军作战。骑劫听到这个传言后,即刻采用了所谓齐人最怕的办法,劓齐降卒,令为前锋与齐军作战。齐守城士卒见降燕者受此酷刑,勠力同心,苦守城邑,再也无人敢投降燕军。解决了士卒降燕之事以后,田单又命策士传言:齐人重祭祖,最怕掘其城外祖坟、辱其先人。

骑劫果真上当,命士兵尽掘城外坟墓,焚烧尸体。即墨城将士见此惨状,无不切齿怒目,誓杀燕兵雪恨,齐军士气大振。田单为了迷惑燕军,让老弱妇女登城守望,派人把黄金千镒送给燕将,诈言田单将降,用此金买燕兵勿掠田单之家,以此来麻痹燕军。经过数次欺诈反间,在时机成熟之后,田单用火牛阵大破燕军,杀死骑劫,陆续收复丧失的70余座城。

综观田单复齐的整个过程,反间之术确实起了重要的作用。

长平之战是战国时期最大的战役之一,反间之谋在这次战役中也起了举足轻重的作用。秦赵长平之役,双方相持3年,不分胜负。老将廉颇足智多谋,根据长平近赵远秦,赵军运送补给方便,秦军运送补给困难的情况,坚壁固守,不与秦军决战。长时间相持于长平,秦军渐觉难以支撑。为打破这种相持局面,秦人遣策士入邯郸广泛散布流言说:廉颇不足挂齿,秦人最怕的是马服君赵奢之子赵括。如果赵孝成王真的重用赵括为将,秦人一定会大败而逃。此后又造谣说:廉颇欲降秦。赵孝成王听信流言,轻信只会纸上谈兵的赵括,派赵括代替廉颇为将,负责长平之事。赵括到长平前线后,一改廉颇坚壁不与秦战之策,令全军出击进攻秦军。秦将白起采用迂回的运动战,先正面佯败后退,另外却置两支奇兵,伺机偷袭赵军后路。待赵军到秦军壁垒之下时,秦一支奇兵断赵军的后路,另一支奇兵切断赵的壁垒,把赵军切成两段。赵军战斗不力,筑壁垒坚守46日,赵括战死,将士40余万降秦后被坑杀。长平之战是使战国格局发生根本性变化的战役,是秦赵双方军事力量的大拼搏,更是秦赵最高统治集团间韬略智谋的较量。倘若赵国最高统治者能及时识破秦国的反间之计,仍用廉颇坚壁固守长平,赵国的历史结局或许会不同。

反间是战国诸国外交斗争的重要谋略之一,它之所以能在战国纵横家手中被用得出神入化,以败制胜,是因为抓住了关键的几个环节:第一,准确地了解当事者的地位、人事环境、心态,便于对症下药;第二,善于利用当前的客观局势,编造出合乎逻辑、令人信服的谎言,诱引对方中计;第三,散布的谎言,献上的谋略,都应让被谋方感到确实对己有利,对敌有损,敦促被谋者当机立断,毫不犹豫地上当受骗。

第三,软硬两手,打拉并用。

鹬蚌相争、渔翁得利之策是借力挑斗,而软硬两手、打拉并用则是双方面对面的交锋,在交锋中软软硬硬,拉拉打打。软一手用以拉,拉是为了结成同盟,壮大自己的力量;硬一手用以打,打是为了败人取地,迫其就范。纵横家们巧用软硬手段,妙使打拉行动,在战国外交斗争中,纵横驰骋,游刃有余。

楚、韩、魏、燕、赵五国欲联合伐秦，楚国将领昭阳君认为五国破秦之后，兵锋一定会南指楚国，因此必须使这次伐秦之举流产，于是献出了打拉并用之策：邻国韩，"好利而恶难。好利，可营也；恶难，可惧也。我厚赂之以利，其心必营，我悉兵以临之，其心必惧我。彼惧吾兵而营我利，五国之事必可败也"（《战国策·楚策一》）。在昭阳君这个谋划中，打是以实力为后盾，目的是使其惧怕；拉是以利益相诱惑，使其迷乱。两者各有作用，但是又殊途同归，皆务于所辅国之利益。

张仪是秦国连横策略的核心人物，同时也是软硬两手、打拉并用的最娴熟使用者，他所操纵的连横都伴随着软硬兼施。张仪入秦为相后，首先把连横目标定在魏国，为了成功地连横，他改单一的攻伐为打拉并用。先派公子桑攻魏，取蒲阳，不久又归还于魏。同时，不仅不让战败国魏入质于秦，还令公子繇入质于魏。在这个通过打拉形成有利形势的基础之上，张仪到魏游说魏王，晓以利害，使魏与秦连横，并献出上郡、少梁等15个县给秦国。张仪在这次以打拉并用为手段的连横活动中，使秦国多方受益，不仅开疆扩地，而且能够集中力量打击赵国，败赵师于河西地，杀赵将军赵疵，取蔺和离石两地。

为了套牢魏国，公元前327年，秦归还魏国的焦、曲沃两地；公元前324年，由于魏准备与韩、赵联合，张仪伐魏，夺取陕地。随后，张仪又挑动楚国攻伐魏都大梁的门户襄陵，秦却派皮氏县士卒万人、车百乘支援魏国，督促魏国与楚国全力拼杀。这次战斗，魏胜楚败，但魏国也受到不小的损失。乘魏国疲惫不堪之机，张仪迫使魏国尽献河西之外地于秦国。秦国得大片土地，筑成上郡塞，建成进可据以攻、退可据以守的兼并统一战争基地。

秦为了攻楚取地，谋划与韩、魏连横。根据韩、魏的具体情况，张仪仍使用打拉并用的故伎。公元前315年，秦攻韩，取石章，第二年，再次攻韩，败韩师于岸门，斩首逾万。这两次攻打，使韩国国力削弱，惊恐不安，饱尝与秦相战的苦头。张仪看打的程度已够，拉的条件已经成熟，便亲自到韩国用软的一手拉拢韩连横。张仪先对比秦、韩两国的力量，韩居劣势，继而分析秦攻韩的严重后果，若韩不事秦，则韩必国破人亡。最后张仪又以事秦攻楚可得地悦秦，韩可两面获利来引诱韩国。在公仲的主使下，韩王采纳了张仪的办法，与秦连横，让太子仓入质于秦，然后又于公元前312年出军助秦取楚汉中之地、助秦败楚军于蓝田。张仪运用软硬兼施的手段与韩连横成功，成为秦攻楚取地战略中重要的一环。

软硬两手、打拉并用之策的前提是拥有强大的军事力量，只有军事力量强大才能该打就打，该拉就拉。所以，打拉并用之策多为强秦所运用。在具体操作过程中，硬与打的一手必须保持一个合适的限度，既要使对方感觉到疼痛，产生惧怕心理，又要不使对方大伤元气，以至于铤而走险或失去利用的价值。同时还要准确地把握各国之间奥妙的关系，谨防打错对象，出现料想不到的意外结局。张仪能成功地运用"软硬两手，打拉并用"之术，就是因为他依托于强大的秦国，对打拉的对象、打的力度与拉的时机都有较好的把握。

第四，贿赂利诱。

以贿赂收买来使某人或某国放弃成见，改变策略。因其能在某种程度上满足国君、权臣的眼前需要，所以成为长短纵横之术中一种常用且极易奏效的策略谋术。例如：赵国夺取了东周的祭祀用地，这块地虽然不是很大，但对弱小的东周来说也算得上一个重大事件。为此，周王忧心忡忡。郑国策士郑朝愿以三十金为周收回祭祀用地。郑朝把这三十金作为礼品送给了赵国掌占卜的长官太卜，并乘此机会与太卜谈了东周祭祀用地的事情。太卜在为赵王生病占卜之时，将赵王的病因归于东周祭祀用地的鬼神在作怪，假借鬼神使赵国归还了东周的祭祀用地。卜筮在战国时期已不多见，鬼神也为多数人置于可信与不可信之间，但卜筮之官在疑而未决时仍会起到一定的作用。对于那些专掌卜筮的官员来说，这应是一种非常神圣、严肃的事情，可这些人在物质利益的诱惑之下，鬼神与职责变得苍白无力，乃至于被玩弄于股掌之上。由此可见物质利益的诱惑力，以及贿赂利诱之术的独特功效。

由于贿赂利诱具有独特的功效，自然备受战国纵横家的青睐。《战国策·秦策三》载：天下之谋士相聚于赵国邯郸，谋划合纵攻秦之事，秦王对此焦虑万分。这时，相国应侯献上了以金散合纵之计，他认为天下谋士相聚于邯郸合纵，目的是得到富贵，其情形就像狗聚在一起，平时安安静静的，如果扔给它们一根骨头，便会相互撕咬起来。秦王认为应侯的看法有道理，就遣唐雎带上乐队与五千金去了结此事。唐雎为了刺激邯郸谋士的贪欲，在邯郸附近的武安城大会宾客，扬言说：看那些在邯郸的谋士们谁能得到这些金子。然后把这些金散发给在武安的谋士。在吊起邯郸谋士的胃口之后，应侯又给唐雎五千金，告诉唐雎不管散发到什么地方、给谁，只要把金用尽就是功劳。结果，这次唐雎散发出的金还不足三千，谋划合纵的谋士们便相互争斗起来，合纵之事也流产了。可见，贿赂收买不仅会使某些人改变主意，而且会挑起内部争斗。

贿赂利诱，有以金等财物为贿赠之物者，更有以土地为贿赠之物者。魏国通过富丁与秦国联合，结为与国。赵国对此颇感不安，准备进献土地于魏而听命于当时的魏相国孟尝君。谋臣李𫖮献计说：献土地于魏不如用土地资助周最，让他到魏国做相国，而周最是天下最憎恨秦国的人。

这样一来，秦、魏连横会因周最相魏而泡汤。李颉的贿赂利诱之计，使用的武器不再是一般的财物，而是价值很高的土地；使用的方法不再是直接送与魏国，而是送给周最，利用周最与秦的宿怨来破秦、魏连横，这显然是一种效果更理想、设计更巧妙的贿赂利诱之术。

贿赂利诱之所以能产生这么大的作用，是因为它能在物质方面满足某些当权者的需要，这些物质财富和土地也恰是部分权臣的追求。赵人希写感慨道："今世用事者，不如商贾。"（《战国策·赵策三》）由于战国处于剧烈的变化时期，社会局势动荡不安，个人前途未卜，所以讲求现实，追求财富成为某些人的最高奋斗目标。贿赂就是利用了财富对某些人的吸引力，成为纵横家在外交斗争乃至内部政治斗争中的常用权术。

由于纵横家起源于历史上专务外交活动的行人之官，外交斗争是他们的强项，而外交斗争的对象又是不能直接制约他们的国君与权贵，所以长短纵横之术在他们的外交活动中得到淋漓尽致的发挥，极大地丰富了纵横家的谋略库。外交斗争中的成功，不仅会成为他们内部政治斗争制胜的砝码，而且许多行之有效的权术方法也会被运用于内部政治争斗。内部政治斗争之术与外交斗争之术相互借用，相互促进。

5. 长短纵横之术的基本原则

不论是驯臣韬略、内部政治斗争的制胜权术,还是外交斗争中的制胜之术,都是长短纵横之术的具体运用,它们在运用的过程中呈现出变化莫测的特征。但是,在具体的长短纵横之术中,蕴含着战国纵横家为谋时所遵循的基本原则。这些基本原则是从长短纵横实践中总结、提炼出来的,反过来又成为纵横家成功的法宝。

(1) 谨守秘密,含而不露

谨守秘密,含而不露,是战国纵横家长短纵横之术严格遵循的首条原则。再精妙的计谋倘若事前被对方探知或泄露,都将毫无价值,甚至还可能被对方将计就计,使自己落入被算计的圈套。为谋时还要考虑到谋略真实目的的隐蔽性,以假象蒙蔽、干扰对方,使对方在假象的蒙蔽、干扰下落入圈套。谨守秘密是表层的保密,含而不露则是深层的保密。

苏秦在与孟尝君谋划以楚太子为筹码,迫使楚割地之事时,就指出:"谋泄者事无功。"(《战国策·齐策三》)苏秦是个经验丰富的纵横家,他在长短纵横之术的实践中时时遵循这个原则。苏秦在齐为燕策谋反间活动多年,使齐国蒙受了重大的损失。苏秦在齐反间成功的原因是多方面的,但严格的保密工作无疑是第一重要的。

保密不仅要对外，而且更要注意对内，因为秘密多是由内部知情者泄露出去的。范雎说秦昭王，在范雎讲出最关键的部分之前，秦昭王先屏退左右，其目的是不让侍从左右的人知道谈话的具体细节和商定的兼并大略。《战国策·韩策三》记载：秦为大国，韩为小国，韩经常受到秦的攻伐，韩与秦在实质上很疏远，但又不得不表现出一副亲秦的样子。韩为了表示亲近秦国，欲以金进献秦，可又苦于无金。于是，把一个美人卖给秦国得了三千金，韩用这三千金与秦建立了表面的亲近关系，而秦国既得到了韩的美人又得到了为买美人付出的金子。韩国的美人怨韩卖己，就把韩表面亲秦而实际疏秦的真情泄露给秦，致使韩疏秦的情况暴露无遗。在这件事中，有纵横士人说韩王，停止奢侈的花费，用节省下来的金钱来侍奉秦国，这样韩疏远秦的实际情况就不至于明显。这位谋士从韩国美人泄密事件中得出结论："美人知内行者也，故善为计者，不见内行。"内行，即内部的知情之人。

表面上对具体事件的保密固然需要，但更重要的是含而不露，既不因进展顺利而喜形于色，又不因暂不得手而恼羞成怒，不仅要做到守口如瓶，还要做到不显于色。若做不到这些，秘密很可能被人探知。晋国的郄疵是个善于以察言观色来探知对方秘密的人。知伯与韩、魏联合围晋阳，攻赵氏，在被水淹的晋阳城中，舂木器和灶炕上都生了蛤蟆，人们无粮杀马而食，赵氏投降指日可待。面对这种情况，郄疵据韩、魏之君心情不快、面有忧色而断定韩、魏一定要背叛知伯。结果，不出郄疵所料，韩、魏真的背叛了知伯。

含而不露的另一层含义是计谋要设计得巧妙精致，不能轻易为他人所识破。在这方面，孟尝君的食客冯谖堪称一流高手。孟尝君遣冯谖到薛地收债，嘱咐他用收来的债钱购买家中所缺少的东西。冯谖到薛"使吏召诸民当偿者，悉来合券。券遍合，起矫命以责赐诸民，因烧其券，民称万岁"(《战国策·齐策四》)。冯谖回来后告诉孟尝君："臣窃矫君命，以责赐诸民，因烧其券，民称万岁。乃臣所以为君市义也。"(《战国策·齐策四》)对冯谖的做法孟尝君深感不解，很不高兴。直到后来孟尝君就国于薛，受到百姓欢迎之时，才知道冯谖的良苦用心和"市义"的深远意义。冯谖为孟尝君营造的"三窟"的计谋并没有专门设置严格的保密措施，其含而不露的关键是谋略精当，老谋深算，以至于孟尝君本人一时也难以掌握其中的真谛。

谨守秘密，含而不露作为战国纵横家长短纵横之术的原则之一，指导他们取得了不少的成功，为他们的纵横实践增添了不少光彩。

(2) 创造局面，力争主动

在内外各种斗争中，创造有利的局面，掌握斗争的主动权，是战国纵横家普遍遵循的又一原则。斗争中的主动权至关重要，控制住他人，掌握斗争的主动权就能成功；被他人控制，斗争中必然处于被动的地位，结局只能是失败。主动权有自然形成的，但主要还是靠创造。而创造主动权的前提是创造有利的局面，只要形成有利的局面，主动权自然就会稳操在手，获得成功仅是时间问题。因此，创造有利局面，获得斗争主动权是长短纵横之术至关重要的原则。

张仪为秦昭王制定了"东向连横，南向发展"的目标后，锐意于创造有利局面。为了争取攻楚取地的主动权，避免攻楚时受到韩、魏的威胁，他首先组织秦军攻韩、魏。公元前315年，秦攻韩，取石章；次年，秦败韩于岸门。两年内两次败韩，为秦、韩连横创造了有利的局面。张仪见时机成熟，入韩极尽游说之能事，陈述秦之劲强，韩之羸弱，使韩君打消与秦抗衡的念头。张仪又告诉韩君，秦国的目标是攻楚取地，而韩国可以与秦连横，借机夺楚之地。张仪最终说动了韩宣惠王，派太子仓入秦为质连横讲和。张仪说韩连横成功，创造了有利的局面，使秦国掌握了斗争的主动权。

对魏国，张仪仍按照创造局面、力争主动的原则如法炮制。公元前314年，秦攻魏，取曲沃与焦，形成秦操主动权的有利局面。然后张仪入魏，盛言秦之强与魏之弱，秦的目标是弱楚，魏若能与秦连横，不但秦可以停止攻魏，魏还可以在秦攻楚之机发兵掠楚之地。在秦占绝对优势，魏处绝对劣势的情况下，魏不得不同意与秦连横。

秦与韩、魏建立起连横关系之后，还未来得及攻楚，就出现了齐助楚攻秦取曲沃事件。张仪苦心经营而成的有利局面发生了逆转，秦国陷入了被动之中。张仪为扭转这种被动的局面，亲自入楚，以"六百里商於之地"为诱饵，诓骗楚怀王与齐绝交。几乎与此同时，张仪派人与齐连横。经张仪这样诓楚连齐，又取得了斗争的主动权。在后来的秦楚大战中，秦得楚地400里，韩、魏也趁火打劫，出兵攻楚，夺楚之地。

在早期的合纵连横斗争中，由于魏国地处秦与关东六国的交接点，既是秦连横的对象，又是关东六国拒秦的前沿。因此，魏也是合纵连横斗争的矛盾焦点与合纵连横多方势力的争夺对象。张仪认为，在秦魏斗争中掌握主动权的最好方法是亲自出任魏国相，成为魏国负责内政和外交事务的关键角色。为此，张仪鼓励齐、楚攻魏，取魏襄陵八邑，使当时的魏相惠施的合纵拒秦计划破产，引起魏惠王对惠施合纵策略的怀疑。张仪抓住这个有利的时机离秦入魏，向魏惠王频进惠施的谗言，诱使魏惠王免去惠施的相职，命自己为相。在争夺魏相的过程中，张仪始终掌握着主动权，而张仪担任魏相又使其在秦、魏斗争中处于主动进攻的地位，为秦与魏、韩连横成功奠定了基础，对关东诸国形成巨大的威胁。

由于张仪出任魏相一事成为秦威胁关东诸国的关键因素，楚、齐等国开始谋划驱逐张仪，拉魏合纵。在这个过程中，公孙衍遵循创造局面、力争主动的原则，抓住有利时机，建议韩国权臣公叔助己夺韩相位，然后献韩国之地取悦于魏王，继而以诈术导演魏王假意禅让王位于张仪来试探他是否忠诚的事。张仪大喜过望，致使魏王大怒，逐张仪而重用公孙衍为相。

公孙衍任魏相后，又有田需觊觎相位。田需先取宠于魏襄王，为了争取斗争的主动权，多次向魏襄王进公孙衍的谗言。最后又指使他人刺杀公孙衍的仇人张寿，设陷阱栽赃于公孙衍。公孙衍有口难辩，不得不逃往秦国。

在张仪、惠施、公孙衍、田需这一连串斗争中，有利的局面与主动权是胜败的关键，欲克敌制胜须先取得主动权。斗争中的主动权和被动地位不是恒定不变的，而是因时、因事、因势不断转化的。张仪取得魏相之位，可以说是达到了苦心经营的目的，占据了极为有利的位置。但是由于其达到了斗争的最高目标与当时权力的极点，致使其在新一轮的斗争中变进攻为防守，由进攻者成为被进攻者。

也正是因为这种转化,张仪丧失了斗争的主动权,败北入秦。同时,公孙衍以创造局面、力争主动为原则,击败张仪出任魏相。可是在他任魏相之后,物盛而衰,阴阳对转,重蹈张仪之旧辙,在与田需的斗争中丧失了主动权,成为田需的手下败将。由此可见,创造有利的局面,掌握斗争的主动权意义重大,不论是在国内政治斗争中,还是在外交斗争中它都不失为制胜的重要原则。

（3）以利益为轴心,相互利用,相互倾轧

由于战国时期冷酷的斗争与特殊的社会环境,纵横家们在考虑问题时首先要权衡实际利益的得失,其中包括国家利益的得失、个人利益的得失、长远与眼前利益的得失。然后以实际利益为轴心,或因利益的联结而相互利用、相互勾结,或因利益的冲突而相互斗争、相互倾轧。

苏秦为报燕昭王知遇之恩,入齐游说,使齐勿加害于燕。苏秦在燕昭王所给的既得利益的驱使下,同时也是为了从齐湣王那里谋得更多的好处,为齐设计了向中原腹地发展,取宋国以控制中原诸侯的战略计划,并努力帮助齐湣王实施这一战略计划。在这个活动中,苏秦、燕昭王、齐湣王形成一个以利益为纽带的连环套,燕昭王重用苏秦是因为苏秦能为燕国缓解与齐的关系;苏秦乐意到齐国为燕国"治交",是因为燕昭王的知遇之恩;齐湣王重用苏秦是因为苏秦能为齐国出谋划策，带来更多的实际利益。

为顺利实施谋宋控制中原诸侯的战略方针，齐国同样采用了以利益为轴心，相互利用、相互倾轧的原则。针对秦、宋为友好国，齐攻宋，秦必救宋这种情况，苏秦认为使秦不能救宋是其中的核心环节。为解决这个问题，苏秦借魏冉连齐攻赵、送帝号给齐湣王的机会，劝齐湣王反秦结赵，发动合纵。合纵表面是为攻秦救赵，实际上则是以合纵联军作为掩护齐攻宋的屏障。赵国出于免受秦攻之害的考虑，韩、魏出于免遭秦蚕食之苦的要求，燕出于止齐谋燕之利，赵、韩、魏、齐、燕等国很快结成了合纵联军西攻秦国的阵营。

这次由各自特殊利益需要而组成的合纵联军，在行动中逐渐露出了各自的鬼胎。合纵军事行动一开始，齐湣王便将军队分成两路，一路与合纵军队抗秦，一路去灭宋。齐要求燕国的军队也分为二路，其中一路随齐军灭宋。这种做法首先引起赵、魏不满。由于齐国的自私行为，合纵联军产生了离心力。赵、魏的不满与动摇使合纵联军面临着瓦解的危险，而合纵联军的解散会使齐以合纵联军屏秦取宋的计划成为泡影。齐国为了顺利实施其战略计划，只好忍痛从尚未攻取的宋地中分出陶邑和平陆两个大邑，许诺给赵权臣李兑与魏权相春申君黄歇，用很实惠的利益稳住了赵、魏，继续合纵攻秦，保证齐人攻宋。

秦国看到关东诸国因各自的实际利益形成合纵，就割地求和，使齐军灭宋的计划受挫。随后，苏秦亲自出面，以齐攻宋之后，对魏、韩形成威胁，两国必然会向秦国寻求庇护，齐取宋对秦有利为由，请求秦允许齐攻宋。由于合纵联军已经解散，赵权臣李兑已失去实际利用价值，故齐人不再履行把陶邑分给李兑的诺言。于是，李兑起兵攻齐。在李兑的军事攻击下，齐重新承认以前的许诺，李兑方才罢兵。经过多次的变化组合与利益调整，齐终于攻取了宋国，但此举却又引起各国利益新一轮的不均衡，导致魏春申君黄歇发动、秦魏冉组织，魏、秦联合攻齐。

从苏秦合纵到齐国取宋这一系列活动中，每一个环节都是从利益出发，或是相互利用，或是相互倾轧。张仪对因利益而相互利用这一点看得很清楚，他认为："且夫诸侯之为从者，以安社稷、尊主、强兵、显名也。合从者，一天下，约为兄弟，刑白马以盟于洹水之上，以相坚也。夫亲昆弟、同父母尚有争钱财，而欲恃诈伪反覆苏秦之余谋，其不可以成亦明矣。"（《战国策·魏策一》）事实上，战国时期纵横之士策划、参与的每次合纵连横活动，都是从利益出发，以互利互用为联系纽带。在后期的合纵活动中，干脆先割地而后合纵，这使合纵抗秦成为赤裸裸的割地交易。秦赵长平大战后，秦人索六城作为与赵讲和的条件，亲秦的策士楼缓力主赵王答应秦的条件，割六城与秦连横。反秦策士虞卿则力主赵王拒绝秦的讲和条件,主张割地与齐国,换得再次合纵,虞卿说:"秦索六城于王,王以五城赂齐。齐,秦之深仇也,得王五城,并力而西击秦,齐之听王,不待辞之毕也。"(《战国策·赵策三》)割地换合纵,明码标价,以利相结,互利互用,表现得多么直接明快。秦国正是看准了合纵中的要害所在,很有把握地预料到合纵各国每次联合行动很难做到获利均衡,必然会出现付出与获得不一致的情况,利益分配不均衡,各国所得多寡悬殊,必然导致相互倾轧。在倾轧之中,合纵各国有的消极怠工,有的干脆出卖合纵,暗中与秦连横。秦国则坚持以利益为轴心,相互利用,相互倾轧这一原则,屡次挫败关东诸国的合纵。

以利益为轴心,相互利用,相互倾轧作为战国纵横家为谋的原则之一,不仅在合纵连横等外交活动中广泛应用,而且在内部政治斗争中也得到了淋漓尽致的发挥。苏秦游说五国合纵成功,事业隆盛,有一次去游说楚王时,路过家乡洛阳,家人一反常态,郊迎听命。苏秦对这种前后天壤之别的态度感慨万端,叹曰:"嗟乎!贫穷则父母不子,富贵则亲戚畏惧。人生世上,势位富贵,盖可忽乎哉!"(《战国策·秦策一》)战国时期的政治活动家与纵横策士深深地体会到利益的重大潜在作用,因而也经常将其运用于内部政治斗争,只是在具体形式上表现得更加隐蔽、巧妙而已。

冯谖投靠孟尝君田文,尽管冯谖自称无能,但孟尝君还是一次次满足冯谖的要求,至其"食有鱼"、"出有车"、"家有养"。从表面上看,在这个阶段孟尝君只是付出而无收获;从深层次看,孟尝君却用物质利益换得了冯谖的赤诚忠心。后来,冯谖为孟尝君营"三窟",保平安,使其能在危难之时高枕无忧。如果把整个事件连贯起来看,双方无疑是以利益为纽带联结起来的。冯谖从孟尝君处得到了他所需要的尊重和优厚的生活待遇,孟尝君从冯谖处得到了保全身家性命、政治前途的"三窟",形成了事实上的相互利用的关系。

信陵君对夷门抱关者侯嬴谦恭执礼,亲为御车,奉为上宾,遍赞宾客,满足了这位职业卑贱的老人的自尊。在信陵君救赵无门时,侯嬴为信陵君谋划窃符夺军之策,并举荐力士朱亥与信陵君随行,而这位老人则"北乡自刭,以送公子"。在这个事件中,信陵君与侯嬴各得其所,相互利用。

甘茂逃出秦国欲至齐国,出函谷关时遇到了西说秦王的苏秦,苏秦为其谋划了受重用于齐国之策。苏秦对秦王说:甘茂是一位很有才能的贤者,不是一个普普通通安于本分的庸人,他的家族世代居于秦国,对秦国的地形无所不知。如果他代表齐国拉拢韩、魏合纵伐秦,对秦国是极为不利的。最好的办法是用重礼、厚禄迎回甘茂,把他置于槐谷之地,使其终身勿出。秦王认为苏秦言之有理,便答应委甘茂以上卿,迎之于齐国。秦王以上卿的礼遇迎回甘茂,是一种利益交换,用上卿位换得甘茂不能让齐与韩、魏合纵。与此同时,齐王在苏秦的鼓励下也愿赐甘茂上卿。甘茂确非等闲之辈,他认真权衡了利弊之后,选择了齐国。在这件事中,甘茂待价而沽,秦、齐则以官爵利禄与甘茂进行交换。

战国时期特殊的社会环境下,国君、权贵,乃至一般社会成员,都是讲究现实的人,处理问题无不持现实的态度,以利益为轴心,相互利用,相互倾轧。因此,纵横家把其作为长短纵横之术的主要原则之一,视其为游说为谋、克敌制胜的法宝。

(4) 度势进退,随机应变

由于战国纵横家是典型的现实主义者,在考虑和处理问题时不仅以利益为轴心,而且还长于度势进退,随机应变,很少干那种不可为而强为之的事情。度势进退、随机应变的要害是迅速抓住问题的实质与解决问题的关键,并在这个基础之上,相机行事,该进则进,不能进则退,根据具体情况或突发性变化,设计切实可行、行之有效的策略计谋。

冯谖与孟尝君进行利益互惠互换之初,曾试探孟尝君,要鱼、要车、要养家之资,这既是对个人物质利益与自尊心的满足,又是对孟尝君人格、能力与素质的试探。在冯谖认为孟尝君是个可以信赖的人之后,便开始寻求建功立业的机会。孟尝君选人到薛地收债,冯谖敏感地认为这是一个建功立业的好机会。到薛地以后,冯谖当机立断焚券市义。这可谓度势进退、随机应变的典范。对冯谖焚券市义之举,孟尝君大为不解,直到其被斥退归薛之时方才悟出冯谖此举的良苦用心。孟尝君与冯谖相比较,前者有雄才大略,后者则长于抓机遇,相机行事。

秦国12岁的甘罗,年龄不大却精通于度势进退。文信侯吕不韦为攻赵扩大河间之地,遣张唐去燕国为相,与燕连横攻赵。从秦到燕必须经过赵国,张唐惧而不往,惹得文信侯吕不韦怏怏不乐。少庶子甘罗见此情景,主动请缨去说服张唐。文信侯吕不韦叱其年幼无知,甘罗即以"项橐生七岁而为孔子师"为理由,坚持前往。甘罗果然不负众望,以应侯范雎绞杀武安君白起之事相威胁,说服张唐从命往燕,甘罗自己则先入赵为张唐扫清障碍。

冯谖、甘罗这两个例子,都是瞄准机会,抓住机遇建功立业。然而,随机应变,度势进退不只是进,还有退的一面。进是为了博取功名,退是为了保存实力,东山再起。

秦欲命白起率兵攻魏之大梁,苏厉出于梁破周必危的考虑，为周君奉劝白起审时度势，急流勇退。苏厉认为，楚善射者养由基，百步穿柳，百发百中，无人不拍手叫好。然而有一人劝告养由基此时最好停射，否则若一发不中，前功尽弃。秦将白起，破赵、魏，杀犀武，北攻赵之蔺、离石、祁等地，战功显赫。现在若再率兵出函谷关，过东、西两周，践韩而攻大梁，一战不克则英名失色，最好的办法是称病不出，保全功名。

张仪诓楚之后，宠信他的秦惠王死，与其有宿怨的秦武王即位。尽管张仪老谋深算，智谋超群，但他也无法改变已成定势的局面，只得思谋退路。他告诉秦武王说："为社稷计者，东方有大变，然后王可以多割地。今齐王甚憎仪，仪之所在，必举兵而伐之，故仪愿乞不肖身而之梁，齐必举兵而伐之。齐、梁之兵连于城下，不能相去，王以其间伐韩，入三川，出兵函谷而无伐，以临周，祭器必出。挟天子，案图籍，此王业也！"（《战国策·齐策二》）秦武王相信了张仪之言，送张仪入魏。张仪最后终老于魏国。

白起称病不出和张仪退隐于魏，都是在客观局势不利情况下的退却，这种退却不是无意义的消极退缩，而是因形势之变采取的正确对策。据他们当时所处的环境，进一步即为万丈悬崖，退一步则可海阔天空。该进不进是畏缩不前，优柔寡断；该退不退是有勇无谋，鲁莽蛮干。

公元前260年，秦将白起大败赵军于长平，坑杀赵降卒40余万,消灭了赵的主力军。此时若乘势猛攻邯郸,必拔无疑。可秦相范雎气量狭小,嫉妒白起之功,说服秦昭王同意赵国割六城以求和。这个决策使秦失去了拔邯郸的好机会。稍后待秦昭王明白过来,要再次派白起发兵攻邯郸。但白起认为,秦破邯郸的最佳时机已失去,此时赵民"勠力同忧,耕田疾作,以生其财";赵"君臣忧惧,早朝晏退,卑辞重币,四面出嫁,结亲燕、魏,连好齐、楚,积虑并心,备秦为务。其国内实,其交外成"(《战国策·中山策》)。在这种形势下,秦将再强,秦兵再多,也不宜为进。遗憾的是秦昭王没看到这一层,恃兵众将良,遣王陵率兵进攻邯郸,数月不下,损兵折将,果然应了白起之言。这是不能度势进退而失败的典型例子。

度势进退、随机应变是在认真分析客观形势的前提下,采取正确对策,这种对策是灵活多变的,往往会有上、中、下三策。《战国策·魏策二》说:"免国于患者,必穷三节而行其上。上不可,则行其中;中不可,则行其下;下不可,则明不与秦两生以残秦。"究竟是采用上策、中策还是下策,既要看形势,又要看能力。此时随机应变的能力格外重要,而应变能力则是纵横之士水准与素质高低的集中反映。战国时期有所作为的纵横家在度势进退、随机应变方面都有较深的造诣。

（5）为了成功，不择手段

作为现实主义者的战国纵横家，由于注重实际，度势进退，在谋略实践活动中追求的是结果，为了成功，不择手段是他们行长短纵横之术时奉行的又一原则。在这一原则的指导下，战国纵横家获得了极大成功，可诸如贿赂、造谣撒谎、欺诈诱骗、左右取巧、巧词诡辩等，也反映出他们不甚磊落光明的一面。

贿赂，《说文解字》释贿为"财也"，释赂为"遗也"，两个合在一起即为以财物赠人，让受贿者徇私舞弊，为行贿者达到某种目的。行贿受贿是历史的一大公害，无人不认为它是非正当的行为。但是，因其有驱使受贿者冒险徇私舞弊的特殊功效，所以始终是纵横家手中的利器。在战国这个新旧交替、纷争不止、社会活动频繁、活动内容复杂、个人前途变幻莫测的时代，物欲横流，贿赂成风，在某种意义上甚至可以说，贿赂是内部政治斗争与国际外交斗争的常用手段。贿赂的物品小到黄金大到封地，贿赂的对象上自国君下到一般官吏。

《战国策·秦策三》载，"天下之士，合从相聚于赵，而欲攻秦"，范雎认为这并不可怕，他以狗争骨头类比设贿赂散合纵之策，他说："相聚而攻秦者，以己欲富贵耳。王见大王之狗，卧者卧，起者起，行者行，止者止，毋相与斗者；投之一骨，轻起相牙者，何则？有争意也。"秦应侯认为，以重金贿赂相聚于赵的合纵之士，不仅能使其改变看法，更重要的是能引起他们之间的争斗。果不出秦应侯预料，唐雎带重金行至武安，八千金尚未散尽，"天下之士大相与斗矣"。

公元前233年，楚、齐、燕、代四国联合攻秦，秦王政鉴于一时国力、民力有限，问群臣宾客寻求不用兵而能止攻秦的对策。姚贾献贿赂之计，带车百辆和金千斤，遍行四国，结果"绝其谋，止其兵，与之为交以报秦"（《战国策·秦策五》）。

由于战国时期私欲横流，贿赂公行，贿赂成为纵横家关注的问题。他们不仅看到贿赂的特殊效力，而且察觉到了贿赂的负面效应。苏秦在与燕王讨论治国之道时说："骄主必不好计，而亡国之臣贪于财。"（《战国策·燕策一》）尖锐地指出了贪图贿赂等不义之财的大臣是亡国之臣，收取贿赂事关国家社稷，万不可等闲视之。贿赂是有求于人时采取的不正当手段，所以又成为战国纵横家鉴别虚实的方法之一。齐、魏都争相与燕国联合，燕昭王犹豫不决，不知道该和谁亲近。苏秦提出了一个帮助决策的方法："辞卑而币重者，失天下者也；辞倨而币薄者，得天下者也。"（《战国策·燕策二》）言辞卑微而礼品厚重，表明底气不足，需要用礼物来增加成功的可能性；言辞傲慢而礼品轻少，表明实力所在,信心百倍,不需要借助于重币厚礼来笼络。当然,不能简单地把国与国之间的礼尚往来都视为贿赂,但以重币换得他国的某种行为,或为了重币、土地等而轻率地采取某种行为,恐怕与贿赂没有原则性区别。《战国策·秦策四》记载:秦"乃资万金,使东游韩、魏,入其将相。北游于燕、赵,而杀李牧。齐王入朝,四国毕从,顿子之说也"。顿弱以重金游诸国,入将相,不是贿赂又能是什么!

造谣撒谎,可以说是战国纵横家在其谋略活动中常用的手段。造谣撒谎实际就是在毫无事实根据的情况下,杜撰出一些根本不存在的东西,干扰对方正确决策,陷害某人,最终达到自己的目的。关于造谣撒谎的效力,庞葱讲的三人言而成虎的故事富有启发意义:一个人说市场上有只大老虎,人们会毫不犹豫地不信;两个人说市场上有只大老虎,人们就开始怀疑市场上是否真有虎;三个人说市场上有只大老虎,人们就会相信市场上确实有只大老虎。最后庞葱得出结论说:"夫市之无虎明矣,然而三人言而成虎。"(《战国策·魏策二》)造谣撒谎是不对的,与理、与情、与法、与德无一相合,但由于其有三人言而成虎的特殊效力,备受某些为纵横家的青睐。

张仪为秦国连横竭尽全力,使诸侯受尽秦国的征伐、欺诈之苦,因此,张仪成为各反秦诸侯国谋算的对象。韩国郑强为使秦驱逐张仪,采取了造谣撒谎的方法。他先扬言张仪的使者一定会到楚国去，然后以此为依据对楚太宰说：您留住张仪的使者，我到秦国去对付张仪。郑强西行来到秦国对秦王说：张仪派人向楚献上了上庸之地，所以楚王派使臣我再次拜见大王。秦王听后大怒，张仪也吓得逃出秦国。尽管张仪是战国老练、成功的纵横家之一，但是他在谣言假话面前也只能以走为上计。

秦将王稽围攻赵国的邯郸17个月不下，军吏困苦不堪。有人奉劝王稽赏赐军吏以备不虞，并提醒他注意"三人成虎，十夫揉椎。众口所移，毋翼而飞"（《战国策·秦策三》）。王稽不听他人劝告，拒赏军吏。果不出所料，有人向秦王告发王稽与其副手杜挚企图谋反。因王稽是范雎举荐的人，这件事情也牵连到了范雎，若不是范雎机警善辩，定难逃诛杀之祸。

战国造谣撒谎的又一种形式是谗言害人，不少战国纵横家对此都有深刻的认识，姚贾对这种情况有过扼要的总结："桀听谗而诛其良将，纣闻谗而杀其忠臣，至身死国亡。"（《战国策·秦策五》）

造谣撒谎的特殊杀伤力也推动了识破谎言战胜谣言能力与技巧的提高。谣言撒谎最怕的是事实检验，名实之辩对此很有实际意义："天下有有其实而无其名者，有无其实而有其名者，有无其名又无其实者。""有其实而无其名者，商人是也。无把铫推耨之势，而有积粟之实，此有其实而无其名者也。无其实而有其名者,农夫是也。解冻而耕,暴背而耨,无积粟之实,此无其实而有其名者也。无其名又无其实者,王乃是也。已立为万乘,无孝之名;以千里养,无孝之实。"(《战国策·秦策四》)顿弱所讲名实之辨虽然不是针对造谣撒谎这种不正当手段而言的,却强调了名实一致,不仅要听其言,还要察其实,如果都能以有其名又有其实这个准绳来处理问题,谣言自然无法生存。就一般情况而言,识破谣言的最有效办法是弄清楚事实本身,为此纵横家总是要求国君兼听,听取各方面的意见,多角度、多渠道了解事实真相。有人曾这样告诫韩国的公仲:处理国家政务者要多从国人那里听取意见,并不一定只听个别贵族的看法。先王都认真听取市井中的街谈巷议,你也应该认真听取臣下的想法。听取各种看法的目的是排除假象干扰,了解事情的真实情况。倘若能在了解事情真实情况的前提下进行决策,决策的正确概率必然会提高。

造谣撒谎与欺诈诱骗是一对孪生兄弟,伴随谣言假话而来的必然是欺诈诱骗,因此诈骗是战国纵横家为了成功而不惜择用的又一手段。战国最典型的欺诈案例是众所周知的张仪许楚六百里商於之地。齐助楚攻取了秦的曲沃之地,两国关系进一步加强。后来,秦欲伐齐而又怕楚助齐。于是,秦惠王派张仪到楚离间齐、楚友善关系。张仪入楚后,给楚怀王献北边削弱齐国,西方讨好秦国,又得到商於之地六百里的"一计而三利俱至"(《战国策·秦策二》)之策,其中六百里商於之地对楚怀王最有诱惑力。待楚怀王绝齐之后,张仪返回秦,秦与齐暗中联合。楚怀王的使者到秦索要商於之地,张仪称病不出。自私愚笨的楚怀王以为是张仪怀疑楚未绝于齐,乃使勇士到齐国当面辱骂齐王。张仪见火候已到,出来接见楚使者说:从某地到某地,方圆六里。楚使者对此提出疑问,张仪以自己是个小人物,人微言轻为由不承认有六百里商於之地一事。张仪的欺诈是赤裸裸的,但同时他对别人的欺诈诱骗深恶痛绝,并且深受其害。张仪在评价苏秦合纵时曾说他"诈伪反覆"。晚年时,秦武王左右皆恶张仪,诬告他"事先王不忠"(《战国策·齐策二》),迫使他不得不出走魏国,他最后也成了造谣撒谎、欺诈诱骗的牺牲品。

贿赂、造谣撒谎、欺诈诱骗很大程度上属于战国纵横家的进取之术。为了克敌制胜,立于不败之地,老练聪明的纵横家在进取时很注意保护自己,而自我保护的有效方法之一则是左右巧取,左右逢源,既要为谋成事,又不授人以柄。为此,一举多得、一箭双雕成为纵横家刻意追求的东西。策士杜赫在与周君谈论用人之道时说:"譬之如张罗者,张于无鸟之所,则终日无所得矣;张于多鸟处,则又骇鸟矣;必张于有鸟无鸟之际,然后能多得鸟矣。"(《战国策·东周策》)杜赫以张网捕鸟喻巧取之理,堪称高妙。

在《战国策》中，巧取之谋略比比皆是。

赵国欲请求秦昭王任命魏冉为秦相国，宋突为使臣仇郝设计了一个巧妙方案：仇郝公开向秦昭王请求任命魏冉为相，如果秦昭王不听，魏冉不仅不能为相，还会遭到现任相国楼缓的怨恨。最好的办法是，暗中告诉楼缓，赵国请秦昭王不要急于任命魏冉为相国。秦昭王见赵国并不急于请求任命魏冉为相，将会反其道而行之，立刻任命魏冉。这样做即使不成功，魏冉也会感激的。宋突的这个巧取之策第一不得罪楼缓，第二加速秦昭王任用魏冉，第三博得魏冉的感激之情。

魏惠王命太子申率军伐齐，一个外来的纵横之士为太子申的弟弟公子理献策：公子理应该到王太后那里哭诉，阻止太子申出征。如果阻止成功会给公子理树立一个美好的形象，如果阻止失败公子理将来就可能被立为国君。太子申年少，不熟悉用兵，而他的对手是齐国的老将田盼与军事家孙膑，太子申出征一定会失败，失败则必然被齐擒获。鉴于此，公子理应该就此事到魏惠王那里力争，如果惠王听了公子理的建议，肯定会给予赏赐；如果不听公子理的建议，太子战败，公子理将会被立为太子，而太子与国君仅有一步之遥。认真分析这个方案，公子理所要做的事情仅是进谏劝止公子申率兵伐齐，但他得到的至少是树立好的形象、魏惠王的赏赐、立为太子这三个好处中的一个。此策略可以说是滴水不漏，万无一失。这种精于计算的左右巧取之策没有什么见不得人的地方，但是其中的圆滑与左右逢源却很值得留意，因为它是后世圆滑处世哲学的先声。

摇唇鼓舌、巧辞诡辩是战国纵横家为了成功常用的又一种手段。它不是造谣撒谎，也不是欺诈诱骗，而是纵横家面对已然的事实由主观需要出发，任意挑选事物中的一个方面作为借口，或者以事物表面的某些现象为根据，做出似是而非的论证，颠倒黑白，混淆是非，为荒谬的言行辩护，推销实施自己的计谋。战国纵横家多是口齿伶俐、思维敏捷、能言善辩之徒，所以巧辞诡辩在他们的活动中司空见惯。

严遂派聂政刺杀韩傀，阳竖作为聂政的副手参与了刺杀行动。阳竖逃亡路过东周，东周君留他居住了十四天，然后用四匹马驾的车把他送走。韩国派人来指责东周收留杀人犯，东周君为此忧虑犯难。一位外来的策士为东周君献上了一个办法：直接告诉韩国的使者，正因为我了解他的犯罪事实，故意留他居住十四天，以待韩国的命令。我们的国家太小不足以容贼，可韩君的使者又迟迟不到，所以才把他打发走。在这件事情上，东周收留杀人犯无正当理由，但这位无名策士的诡辩使韩国的使者有口难辩。

苏秦为燕反间于齐，为达到弱齐的目的，唆使齐伐宋，盛言伐宋既有"诛暴乱,举无道,攻不义"之名,又有得膏腴地之实,真可谓"名则义,实则利"。齐湣王按苏秦的谋略行事,果得宋国。然而燕国则乘机攻齐,"大战一,小战再"几乎灭了齐国。苏秦在说服齐湣王伐宋时,抓住齐伐宋在局部的好处这个表面现象,绝口不言伐宋在总体战略方面的不利,把齐湣王推上了伐宋的歧途。此可谓高明的诡辩巧辞。

战国纵横家遵循着为了成功不择手段这一原则,运用长短纵横之术做了许多事情,但又产生了恶劣的历史影响,不仅败坏了他们自身的道德、名誉,而且成为后代为谋处世之道中消极因素的源头。为富不仁、为政不廉、为人不义等见不得人的做法,不能说与此无关系。

长短纵横之术的原则,是对具体谋略计策的总结和概括,它源于具体的长短纵横之术的实践,但又具有更深沉的稳定性、更强烈的传播性和渗透性,成为长短纵横之术数千年传承的精髓。

6. 长短纵横之术的哲学基础

纵横家不是研究哲学问题的哲学家,《战国策》不是哲学著作,纵横家也没有自己的哲学体系,但是这不等于纵横家的长短纵横之术没有它的哲学基础。《战国策》记录的纵横家长短纵横活动比较集中地反映的几个哲学命题，它们无疑是长短纵横之术的哲学根基。

（1）转祸为福，因败为胜

战国的纵横家以积极的姿态投身于社会，在复杂多变的矛盾中和艰难困苦的情况下，保持清醒的头脑与旺盛的斗志，以变幻莫测的长短纵横之术来谋事、谋人。他们对成功充满了信心，对未来抱有无限的希望，支撑其信心与希望的则是他们自认为能够准确地认识客观事物的发展规律，把握事物的转化。

《战国策·秦策四》载，春申君黄歇游学博闻，能言善辩，受楚襄王之遣西说秦昭王，止伐楚之兵。为了提醒秦昭王伐楚之弊，春申君黄歇提出了"物至而反,冬夏是也；致至而危,累棋是也"的命题。

蔡泽与应侯范雎对话，为了劝应侯范雎及时退隐，蔡泽阐述了物盛则衰的变化规律："物盛则衰，天之常数也；进退、盈缩、变化，圣人之常道也。"(《战国策·秦策三》)

春申君黄歇与蔡泽提出的命题，可以扼要地概括为：物极必反，盛极而衰。它承认变化与发展，变是宇宙万物的基本规律，万事万物都在运动变化，形成一个变易不息、运动不止的大流。具体到某个事物，同样也是变化发展的，春、夏、秋、冬交替出现是变化，太阳运行到中天便会西落，月亮由新月到圆月再转为亏等都是看得见、体验得到的变化。由自然界推及人类社会，弱能变强，盛能转衰。既然宇宙是动着的，一切都在变化之中，那么有没有规律？规律又是如何？《战国策》认为是有规律的，事物反复变化，在一个方向上演进，达到一定极限则发生逆转，亦即"物盛则衰"，"物至而反"。总的变化规律是这样的，具体事物的变化规律也是这样的，由无有而发生，发展渐至充盈，进而达到鼎盛，最后衰萎乃至消亡。换言之，先"积薄而为厚，聚少而为多"产生量变，量的积累达到一定程度时，质变就会接踵而来，"弱之为善者强"，弱小就会转为强壮。

《战国策》这种承认宇宙万物都在有规律地运行变化的哲学观念，在社会实践活动中被概括为转祸为福，因败为胜。一无名纵横士人对楚考烈王说：

> 夫因诎为信，奋患有成，勇者义之。摄祸为福，裁少为多，知者官之。夫报报之反，墨墨之化，唯大君能之。祸与福相贯，生与亡为邻，不偏于死，不偏于生，不足以载大名。无所寇艾，不足以横世。(《战国策·楚策四》)

把这段话分解开，有这么几层意思：

一、在委曲中坚持正义，在困窘中奋起的人，是真正的勇士；

二、转祸为福，由少成多，这是聪明者的特长；

三、反反复复的变化，屈伸祸福交替都是在无声无息之中演进的，唯有素质极高的人才能驾驭它；

四、祸与福相贯通，生与死为邻居，不专一于致死，不专一于求生，难以成大名。

如果把这段话概括起来，委曲与伸张、祸与福、少与多、生与死都在悄然变化，这种变化可以认识，能够掌握，认识、掌握它们的目的是要促使事情向有利于自己的方向变化，为论证这个"转祸而为福，因败而为功"（《战国策·燕策一》）的命题，苏秦举出齐桓公虽有负于蔡姬，但名声更加显赫，韩献子虽因杀人获罪，但地位更加巩固两个例子。

不少战国时期的纵横家出身于平民，相对于国君与权贵，处于弱势地位。他们游说国君和权贵，是为了让君王和权贵接受他们所设计的谋略，谋略是否被采纳，权术能否得逞，君王和权贵处于主导地位。纵横家所谋的对象，往往是强者，至少在特定环境中或从局部看来该对象是暂时的强者。从这几个方面来讲，纵横家在游说为谋活动中，尚未成功之时是弱者、不成功者。在这种情况下，他们依据物至必反，强弱、祸福转化，胜败对转的辩证思维，深信自己只要把握事情的发展变化脉搏，充分发挥主观能动性，一定能由弱转强，转祸为福，取得成功。"转祸而为福，因败而为功"是他们充满自信、奋斗不息的哲学依据。进一步而言，他们经过主观努力，借助于事物发展变化的规律，一旦获得了巨大成功，身居高位，手握重权，领广袤封地之后，又会处于他人的谋算之中。在这种情况下，他们更加明白强弱转化、祸福相依的规律，自然会谨慎行事，拉长由盛而衰的转变过程，以期望达到事实上不存在的长盛不衰。纵横家在其具体的运作过程中，还自觉地利用"物至而反"、"物盛则衰"的变化规律。对于那些不可一世、雄居权极的政治对手，不是生硬地施加外力抑制他的势力，强行阻其发展，而是加快其达到极限的速度，从而促使其尽早达到极点而急剧衰退，由强而弱，由盛而衰，由福而祸，最终走向灭亡。公孙衍为制服权力极盛的张仪，不是与张仪碰硬拼命，而是诱骗张仪劝新即君位的魏襄王行禅让，从而引起魏襄王的警觉与厌恶，驱逐张仪，从而自己谋得相位。

还有一些明智的纵横家，根据"物盛则衰"、"物至而反"的规律，拒绝走上权势的顶峰，避免误入极端而走上人生险途，并由此衍生出明哲让功、明哲保身、急流勇退的隐让之举。信陵君魏无忌率兵退秦军解赵国邯郸之围，平原君赵胜身为权臣劳苦功高，却婉言谢绝赵孝成王的益地扩封。他之所以能在利禄面前保持清醒的头脑，是因为听从了公孙龙关于"国人计功"而封赏，平原君此时接受新封地不合计功受赏之惯例，容易引起政敌不满。魏公叔痤也是精于此道,以老子的"圣人无积"自勉,分赏田于吴起故人及其他有功者。

在为君王和权贵设计谋略时,战国纵横家也常常以转祸为福、因败为胜的事物变化规律为依据,或告诫他们强不可恃,居安思危,或告诫他们树立信心,及时努力,早日改变被动弱势的局面。

转祸为福,因败为胜所反映的是宇宙变易运动与循环往复的规律,这也是先秦及后代中国人普遍接受的哲学命题。《战国策》虽然对这个命题没有重大理论建树,但纵横家融会贯通,运用自如,树立了一个理论与实践相结合的典范,它的运用与实践给长短纵横之术增添了不少声色。

(2)重直观,善比喻

重直观,善比喻是一种逻辑方法,或称为逻辑思维方式。它是根据事实材料,遵循逻辑规律和规则,形成概念,作出判断和进行推理的方法。战国纵横家所从事的各种游说与为谋活动,情况复杂,变化多端,未知因素繁多,多数情况需要依靠判断推理。根据《战国策》的有关记载,大多数纵横家都自觉或不自觉地运用了逻辑推理的方法。

夏、商、西周历史在一脉相承的基础上互有损益,形成了深厚的文化根基,形成了以史为鉴的传统。在这种文化基础上,战国纵横家运用逻辑推理的时候,总是先从历史中寻求支持，用历史比照法来论证现实，推求未来。由已知事物推论未知事物，预言未来，并由今天的现实来验证；今天的现实，可从历史上的相近情形推求认识，用已知的现象来解释认识；未来的发展趋势，也可从历史与现实去推知。

秦昭王自恃国盛兵强，认定韩、魏以庸将弱兵攻秦必定败北。秦臣中期以较弱的韩、魏联合灭强盛的智伯为借鉴，得出秦昭王不能轻敌的论断。公元前275年，秦相魏冉率兵围魏都大梁，魏士须贾游说魏冉少割地而退兵，借用魏惠王围赵都邯郸，赵不割地而魏退兵和齐人取燕，燕不割地而复国这两个历史事件，论证魏也不应向秦割地，说服魏冉见好就收，魏国向秦国少割地即应退兵。

历史比照的逻辑推理，实际上是以史为鉴这个古老命题在纵横家活动中的具体应用，只是它更讲求选取历史上那些性质、发生情境相近的事件来推理，既不能取类不当，又不能主观臆断。否则，将影响结论的正确性。

由微推类法是由个别推知一般，由微小推知宏观的逻辑推理方法。战国纵横家不仅注意书本知识，而且更注意对实际社会生活的观察，从中探索捉摸，悟出道理，受到启发。中山司马熹至赵国，从边境到都城邯郸没看到漂亮的女子，便由此判断赵国无佳丽，传说赵人善于吹拉弹唱，美女如云是不真实的。由于这个判断是从边境城邑到邯郸所见得出来的，前者代表了国都以外的城邑，后者则是人才与美女汇集的中心，两者虽不是赵国的全部，却是具有代表意义的抽样，因此，司马熹的赵国无佳丽之说使赵王一时无法反驳，甚至赵王本人也有了几分相信。

在韩、赵、魏与智氏的斗争中，智伯联合韩、魏水攻晋阳，水深二丈四尺，城中舂米的石臼与做饭的灶台都生了蛤蟆，人无粮只得杀马充饥，败降在即。智伯的谋臣郄疵却发现，面对这种情况，韩、魏之君不仅没有喜悦，还面带忧色，由此得出韩、魏将与智氏决裂的结论。遗憾的是智伯没有听进郄疵的忠告，掉以轻心，以致亡于韩、赵、魏。

由微类推的逻辑推理，首先是选择具有代表意义的个别案例或现象，然后对其进行分析推理。在这里，丰富的经验与观察细微深入至关重要。若不然，不但得不出正确的结论，做不出正确的决策，还会适得其反，导致失败。

类从推理法，实质是演绎推理，用已知的事物演绎推理本质上类似的未知事物。战国纵横家运用这种方法时，不是从抽象的甲概念到乙定义，而多是以人们熟知、习见的事物说明一种道理，再用这个道理认识新的事物。这种类从推理法突出地表现为用寓言来借此喻彼、借小喻大，从较简单的寓言故事中透出深刻的道理，然后用这种深刻的道理来说明事物，解决问题。

《战国策·齐策二》画蛇添足：

> 楚有祠者，赐其舍人卮酒。舍人相谓曰："数人饮之不足，一人饮之有余。请画地为蛇，先成者饮酒。"一人蛇先成，引酒且饮之，乃左手持卮，右手画蛇，曰："吾能为之足。"未成，一人之蛇成，夺其卮曰："蛇固无足，子安能为之足。"遂饮其酒。为蛇足者，终亡其酒。

这个寓言出自陈轸之口，表达了做事要恰到好处，适可而止，若超过事情的客观限度，反而会弄巧成拙，由真理成为谬误这样一个哲理。陈轸讲这个寓言，是要用其中的道理来劝说楚将军昭阳勿移兵攻齐。楚将昭阳伐魏，败魏军而得八城，欲乘胜伐齐。陈轸认为，战无不胜却不知适可而止的将军，一定会身死亡命，爵位也只能归于后人。楚将昭阳胜魏而再伐齐，犹如画蛇添足，是完全不必要的蠢举。楚将昭阳终于从这个寓言中悟出了道理，"解军而去"。

《战国策·楚策一》狐假虎威：

> 虎求百兽而食之，得狐。狐曰："子无敢食我也。天帝使我长百兽，今子食我，是逆天帝命也。子以我为不信，吾为子先行，子随我后，观百兽之见我而敢不走乎？"虎以为然，故遂与之行。兽见之皆走。虎不知兽畏己而走也，以为畏狐也。

这个寓言出自楚人江乙之口，说的是弱者有可能借助于强者的力量来表明自己的强大，强者则全然不知。江乙给楚宣王讲这个寓言故事，是要借此说明北方诸国之所以惧怕楚相昭奚恤，是因为"今王之地方五千里，带甲百万，而专属之昭奚恤"。北方诸国畏昭奚恤，"其实畏王之甲兵也，犹百兽之畏虎也"。

《战国策·楚策四》惊弓之鸟：

> 异日者，更羸与魏王处京台之下，仰见飞鸟。更羸谓魏王曰："臣为王引弓虚发而下鸟。"魏王曰："然则射可至此乎？"更羸曰："可。"有间，雁从东方来，更羸以虚发而下之。魏王曰："然则射可至此乎？"更羸曰："此孽也。"王曰："先生何以知之？"对曰："其飞徐而鸣悲。飞徐者，故疮痛也；鸣悲者，久失群也，故疮未息，而惊心未忘也。闻弦音，引而高飞，故疮裂而陨也。"

这个寓言出自赵人魏加之口，比喻受到惊恐者见到一点动静就感到害怕，亦即俗话说的"一朝被蛇咬，十年怕井绳"。魏加讲这个寓言，是要说服春申君黄歇不要任命临武君为将率楚军参加伐秦的合纵，因为临武君曾经惨败于秦军，在内心深处惧怕秦军，不能胜任拒秦之重任。

《战国策·魏策四》南辕北辙：

> 今者臣来，见人于大行，方北面而持其驾，告臣曰："我欲之楚。"臣曰："君之楚，将奚为北面？"曰："吾马良。"臣曰："马虽良，此非楚之路也。"曰："吾用多。"臣曰："用虽多，此非楚之路也。"曰："吾御者善。"此数者愈善，而离楚愈远耳。

这个寓言出自魏人季梁之口，表达的是行为与目的不一致，将会离目的更远的道理。由这个道理类推魏惠王举兵攻赵之邯郸，是一种与魏称霸天下战略目标相悖的行为。只有三晋精诚团结，合力对外，才有希望称霸天下。

正确地运用类从推理法，关键是要抓住两种事物本质上的类同之处，亦即两者的共性。只有依据两类本质上类同的事物，才能从已知事物所显示的道理来认识、解释新的事物。

纵横家的以史为鉴，由微推类和类从推理的逻辑方法又是一种思维方式，它不是从未知推到已知，而是从已知推到未知。先从历史、个别、同类事物中悟出道理，然后用类推、比喻、例证的方法把这个道理推及未知事物。在这个过程中，他们注重直观感受和体验，而忽略了抽象的推理分析比较。这个特点，不仅合乎中国传统的思维方法，而且更适应战国纵横家实践的需要。他们处理的都是实实在在的现实问题，有的甚至是生死存亡、成败兴衰的问题，坚持面对现实的态度，用直观明了的方法，有利于问题的快速解决。因此，应该说上述几种逻辑方法是纵横家走向成功的哲学基础之一。

转祸为福，因败为胜的辩证观念，重直观、善比喻的逻辑思维方法，都不是深奥玄秘的哲学命题，它们的意义在于纵横家对它们的融会贯通，灵活运用。由于纵横家以它们为哲学基础和思维方法，使长短纵横之术在实践中更灵巧，更有效，并且因为它们与中国传统哲学的合拍，更利于纵横家文化的长期流传。

《战国策》反映的纵横家长短纵横之术，构筑成《战国策》思想体系的核心。崇尚计谋，视计谋为万事之根本是这个思想体系的出发点，不拘一格的人才谋略是其第一个环节，以说为谋是它的独家特色，强化君权的驯臣之术、内部政治斗争和外交斗争的制胜之术是它的具体运用。长短纵横之术的主要原则既是对纵横家实践活动的总结，又是他们实践中遵循的基本规则，讲求祸福对转的辩证法和重直观、善于比喻的逻辑思维方法，是长短纵横之术的哲学基础。上述种种方面的浑然综合，建构起《战国策》以长短纵横之术为核心的思想体系。战国诸子百家学说及其社会实践活动，都有自己的治国处世谋略与权术，与其他学派相比较，纵横家的长短纵横之术最突出游说与权术，最注重的是游说与权术的实际运用，并由此形成纵横家在为谋处世方面的特色。

刘向在《书录》中评论纵横家说:战国之时"虽有道德，

不得施谋;有设之强,负阻而恃固;连与交质,重约结誓,以守其国。故孟子、孙卿儒术之士,弃捐于世,而游说权谋之徒,见贵于俗。是以苏秦、张仪、公孙衍、陈轸、代、厉之属,生纵横短长之说,左右倾侧"。由于战国时期"君德浅薄,为之谋策者,不得不因势而为资,据时而为,故其谋,扶急持倾,为一切之权,虽不可以临国教化,兵革救急之势也。皆高才秀士,度时君之所能行,出奇策异智,转危为安,运亡为存,亦可喜。皆可观"。

三 《战国策》的民本思想与士人精神

作为纵横家教科书的《战国策》,突出了长短纵横之术。但是,生活于战国时期的纵横家及其教科书《战国策》,不能不受时代精神潮流的影响。《战国策》中的民本思想和士人精神就是战国时代精神潮流的反映。

1. 独具风骚的民本思想

兴起于西周早期的民本思想在春秋、战国时期得到了长足的发展。《尚书》讲:"民可近,不可下。""民惟邦本,本固邦宁。"《诗经》说:"天生烝民,有物有则,民之秉彝,好是懿德。"老子主张以"清静无为"的办法"爱民治国"。孔子明确提出"节用而爱人,使民以时"。成书于战国的《左传》公开谈"民为神主"。活动于战国中期的儒学大师孟子发挥孔子学说中的"仁",强调"民为国本","民为贵,社稷次之，君为轻"。荀子发挥孔子学说中的"礼"，引用《尚书》的话来证明"君者，舟也。庶人者，水也。水则载舟，水则覆舟"，提出"平政爱民"的主张。尽管《战国策》是纵横家的教科书，以长短纵横之术作为全书的主线，但是活动于战国的纵横家，以及记载纵横家活动的《战国策》，都不能不受当时民本思想的熏染。《战国策》浓郁的民本思想，一方面是时代社会思潮的反映，另一方面也反映出纵横家对民本思想的向往、追求乃至运用。

（1）苟无民，何以有君

《战国策·齐策四》记载：

齐王使使者问赵威后，书未发，威后问使者曰："岁亦无恙耶？民亦无恙耶？王亦无恙耶？"使者不说，曰："臣奉使使威后，今不问王而先问岁与民，岂先贱而后尊贵者乎？"威后曰："不然。苟无岁，何以有民？苟无民，何以有君？故有舍本而问末者耶？"

乃进而问之曰："齐有处士曰钟离子，无恙耶？是其为人也，有粮者亦食，无粮者亦食；有衣者亦衣，无衣者亦衣。是助王养其民者也，何以至今不业也？叶阳子无恙乎？是其为人，哀鳏寡，恤孤独，振困穷，补不足。是助王息其民者也，何以至今不业也？北宫之女婴儿子无恙耶？彻其环瑱，至老不嫁，以养父母。是皆率民而出于孝情者也，胡为至今不朝也？此二士弗业，一女不朝，何以王齐国，子万民乎？於陵子仲尚存乎？是其为人也，上不臣于王，下不治其家，中不索交诸侯。此率民而出于无用者，何为至今不杀乎？"

赵威后的问话是按照粮食收成、民、君、爱民之臣、孝顺之女、不臣之人这样的逻辑推下来的。农业的丰歉和百姓的疾苦应该是统治集团最关心的问题，"苟无岁，何以有民"，而民则是国君的根基，"苟无民，何以有君"，因而爱民、养民之人应该受到重用，不关心人民与社稷之臣该杀。重视农业生产，关心人民，重用爱民之臣的终极目的是为君。尽管这种民本思想是从统治集团的自身利益出发，归宿也不是人民本身，但它对人民、对社会发展都是有益的。赵威后的这段话坦诚、明快且深刻，可以说是《战国策》民本思想的最基本观点。

《战国策》之所以持这种民本思想，是因为国家力量的消长与人民是否拥护、民心的背向有着直接的联系。《战国策·齐策一》的《邹忌修八尺有余》生动地记述了齐国的邹忌从生活中悟出了"人贵有自知之明"这个道理之后，规劝齐威王应该广采民众意见，鼓励吏民积极参政，集思广益，得取民心。由于齐威王接受了邹忌的建议，齐国政治清明，国力强盛，诸侯来朝。《战国策》从这个重民范例中得出"此所谓战胜于朝廷"的结论,旗帜鲜明地指出,国家兴亡取决于民心的背向和政治的得失,表明人民的重要性和《战国策》对民本思想的重视。

(2)无鬼神,不言天命

《尚书》、《左传》等谈天人关系和人神之辩时,都是以承认鬼神存在为前提,把人与鬼神相对而言。孔子讲民本侧重于"仁者爱人",他的"仁者爱人"与《尚书》、《左传》民本思想的一个区别便是"子不语怪、力、乱、神",着眼于实实在在的现实世界。《战国策》则走得更远,公开否认鬼神。

秦宣太后宠爱魏丑夫,病危将死,传下命令让魏丑夫为其殉葬。秦谋臣庸芮自告奋勇去说服秦宣太后改变主意。庸芮先在死者无知这一点上与秦宣太后达成共识,然后指出:

> 若太后之神灵,明知死者之无知矣,何为空以生所爱,葬于无知之死人哉?若死者有知,先王积怒之日久矣,太后救过不赡,何暇乃私魏丑夫乎?(《战国策·秦策二》)

在庸芮的正反游说下,濒临死亡的秦宣太后终于用理智战胜了感情,赞同庸芮的人死无知的看法,放弃让魏丑夫殉葬的要求。这件事表明,无神论已经是战国时期人们较容易接受的观念。

关于天命,《战国策》也持否定态度。公元前 273 年,赵、魏攻韩,韩求救于秦。秦出师于华阳击败赵、魏联军,进而包围魏都大梁。魏大夫须贾为魏国游说穰侯魏冉,请其撤围大梁之秦兵。须贾游说时举出了数条撤大梁之围的好处,其中最能说服穰侯的一条是"维命不于常",打败暴鸢得地八县,属于侥幸,兵围大梁则是以偶然为常态,明智者考虑问题不能只靠运气和偶然。须贾话锋一转,提出了通过主观努力不用兵可得地之策,最终说服穰侯罢大梁之围。在这件事情中,须贾抬出了《尚书·康诰》"维命不于常"之说,强调明智者不依赖天命而靠人事。这实际上就是对天命策略的否定。

《战国策·宋卫策》记载：宋康王时,有只小鸟在城墙角落生出了一只大鸟,占卜的人认为这是称霸天下的吉兆。宋康王相信了,出兵灭滕国,攻薛国,以箭射天,以鞭扑地,砍烧土神、谷神的神位,剖驼背人的背,断蹚河之人的腿,暴虐百姓,国人恐慌不安。齐国乘机伐宋,民散溃,城失守,宋康王被杀。《战国策》据此得出结论说："见祥而不为祥,反为祸。"认真审视这个事件和《战国策》从这件事中得出的结论,天命不可信,祥兆不可恃,恃祥反为祸的思想是很明显的。

无鬼神、不信天命是无神论的正面反映,对鬼神的戏弄则是《战国策》无神论的另外一种表现形式。孟尝君将入秦国为相,上千人劝止而不听。苏秦欲制止,无奈孟尝君说:"人事者,吾已尽知之矣;吾所未闻者,独鬼事耳。"苏秦针锋相对地回答说:"臣之来也,固不敢言人事也,固且以鬼事见君。"(《战国策·齐策三》)另外一次,苏秦游说赵国李兑,李兑说:"先生以鬼之言见我则可,若以人之事,兑尽知之矣。"苏秦对曰:"臣固以鬼之言见君,非以人之言也。"(《战国策·赵策一》)孟尝君、李兑都声明人间之事尽知,唯鬼之事不晓,言外之意即为无鬼可言,倘若鬼神皆存,身为尽知人间事的智者怎能无闻鬼事。苏秦在光天化日之下敢以鬼言、鬼事相见,那仅是一种游说进言的技巧,在苏秦的嘴里鬼神竟然成为股掌上的玩物,哪还有半点神圣、玄秘之气息。

《战国策》否认鬼神、天命,看重现实基础。国家社稷的兴衰存亡在于人的努力,个人前途的腾达跌落在于个人的奋斗,恃鬼神者事无成,仗天命者灭国绝祀。现实的成功与失败教育了战国人,那些活跃于政治舞台的统治集团的成员与穿梭于诸国之间的士人,在不可抗拒的现实力量的推动下,放弃天国,转向现实,由相信天命鬼神走向极尽人事的奋争,进而使民本思想得到充分的发挥与实践。

(3) 富民，利民，安民

如果说"苟无岁，何以有民？苟无民，何以有君"的民为君本、民为国本是《战国策》民本思想的基本观点，那么富民、利民、安民则是《战国策》民本思想的具体实施，也是战国政治家活动时所留心的现实问题。

公元前316年前后，巴蜀发生内乱，秦国的战略需要重新调整，张仪主张伐韩，司马错主张伐蜀，两者各持己见，争论于秦惠王面前。张仪认为伐韩可"据九鼎，案图籍，挟天子以令天下，天下莫敢不听"，"争名者于朝，争利者于市。今三川、周室，天下之市朝也"（《战国策·秦策一》）。司马错认为伐巴蜀可强兵、富民、广地，他说："臣闻之，欲富国者，务广其地；欲强兵者，务富其民；欲王者，务博其德。三资者备，而王随之矣。今王之地小民贫，故臣愿从事于易。夫蜀，西辟之国也，而戎狄之长也，而有桀、纣之乱。以秦攻之，譬如使豺狼逐群羊也。取其地，足以广国也；得其财，足以富民；缮兵不伤众，而彼已服矣。"（《战国策·秦策一》）秦惠王认真斟酌了伐韩与伐蜀的利弊得失，毅然起兵伐蜀，十月取之，"蜀既属，秦益强富厚，轻诸侯"（《战国策·秦策一》）。秦惠王采纳司马错的建议伐蜀，有几个原因，然而其中最主要的原因是蜀为天府之国，得蜀可拓疆广国、富民强兵。参验比较秦国的耕战政策，虽然秦的治国方略与关东诸国有较大的差异，有人谴责其"权使其士,虏使其民",但其为了强兵,富其民是坚定不移的策略。商鞅变法,奖励耕织,废井田,开阡陌,封疆,平赋税等,都含有富民的因素。由此可见,通过富民政策而体现的民本思想不仅是司马错提议伐蜀的重要理论依据,而且是秦国诸君的一贯认识。秦国的富民政策虽不像孟子等人主张的那么温情,却也是坚定不移。

富民与利民是紧密相连的一个问题,《战国策》中最强调利民的是赵武灵王。他推行胡服骑射,多次指出利民厚国的重要性。第一次他扼要地对公子成说:"夫制国有常,而利民为本。"第二次他又语重心长地对公子成说:"夫服者,所以便用也;礼者,所以便事也。是以圣人观其乡而顺宜,因其事而制礼,所以利其民而厚其国也。"(《战国策·赵策二》)利民,即造福于人民,方便于人民。赵武灵王命军队采用胡人服饰,穿短装,束皮带,用带钩,穿皮靴,发展骑兵,训练骑射之术,虽然是军事制度改革,但利民与否是他的基本考虑。胡服骑射在服装方面便于穿戴行动,在军事上"近可以备上党之形,远可以报中山之怨"。所以,胡服骑射从衣着习惯与军事改革两个方面都立足于利于赵国人民。

富民与利民是积极主动进取的策略,安民则是不扰民,以免影响人民正常生活和生产的事情发生。苏秦把安民纳入他的合纵谋略体系,他在游说赵肃侯参加合纵时说:"为大王计,莫若安民无事,请无庸有为也。安民之本,在于择交,择交而得则民安,择交不得则民终身不得安。"(《战国策·赵策二》)苏秦一生的主要活动是合纵,但在为赵肃侯谋划时仍把择交与安民相联系,认为安民是安国安邦的大计。苏秦在这种场合搬出安民之说作为重要论据,足见民本思想的深入人心和纵横家对民本思想的重视。关于安民、不扰民,《战国策·魏策二》记载的魏太子与群臣的辩论是非常有意义的。魏惠王死,埋葬的日期也定了下来。事不凑巧,天下起了大雪,雪深能埋住牛眼睛,并压塌了城墙。太子准备修栈道发丧安葬魏惠王。群臣认为在这样的大雪天行发丧安葬之事,于民不便且耗资巨大,纷纷谏请太子改期。太子以不义为理由拒绝改期。在无奈的情况下,大家请惠施出面规劝太子。惠施提出了两个理由:

第一是文王更葬季历。先王季历葬在楚山之尾,地里浸出的水冲坏了其坟墓,露出了棺材的前部。周文王不认为这是不吉利的事情,还说是季历想见群臣与百姓,就把棺木起出放在朝堂之上,让百姓拜见,三天后重新安葬。更葬季历是文王的明大义之举。

第二是下大雪魏惠王想多留几日,再度"扶社稷,安黔首也"。

惠施能最终说服太子"敬弛期,更择日","扶社稷,安黔首"恐怕是最令人信服的理由。

战争与用兵是战国时期事关国家生存的最重要的活动，即使如此也有人提出用兵众者，"使民不得耕作，粮食挽赁不可给也。此坐而自破之道也"（《战国策·赵策三》）。这种对战争破坏生产和生活的揭示表现出对富民、利民和安民的重视。

富民、利民、安民从不同的角度体现了《战国策》的民本思想。富民是从经济上解决人民的生活问题。司马迁在《史记·货殖列传》中讲"仓廪实而知礼节，衣食足而知荣辱"，实际上指的就是富民的重要作用。利民是解决日常生活中的风俗习惯等问题。风俗习惯是只无形的手，无影无踪，社会能量却巨大，有许多风俗习惯不仅没有道理，而且会产生负面效应，却不能被轻易地改变。利民不会像富民那样给人民直接带来经济实惠，可它能在心理、思想方面给人民带来踏实与信赖。安民不如富民、利民那么积极，却是安邦定国的基本条件，安民、不扰民可以维持人民稳定的生活环境与生存条件，促进社会稳定与国家政治的发展。富民、利民、安民，政权巩固，国力强盛。反之，则可能亡国灭社稷。在《战国策》记述的齐、燕斗争中，充分显示了以民为本在实际社会活动中的重要性。据《战国策·燕策一》，燕王哙受人欺骗，轻信鹿毛寿的建议，让位给大臣子之，"子之南面行王事，而哙老不听政，顾为臣，国事皆决子之"。三年，燕国大乱，百姓惶恐，离德离心，统治集团内部子之与太子平之间也展开了激烈的斗争。齐宣王乘机令章子率齐国精兵伐燕，燕"士卒不战，城门不闭"，齐军轻易取胜，燕王哙死，子之逃亡。两年后，太子平被立为燕昭王。昭王招贤纳士，修明政治，与百姓同甘共苦。经过二十八年的努力，燕国殷富，士卒乐佚轻战。而这时的齐国，却类似于燕王哙时期的燕国。《战国策·齐策六》记载：齐湣王昏暴虐民，政治黑暗，在檀衢刑场杀死坚持正义的狐咺，致使"百姓不附"；在东间杀掉直言进谏的陈举，使"宗族离心"；擅杀大臣稷苴，引起"大臣不亲"。在这种情况下，燕昭王以昌国君乐毅为上将军，联合秦、韩、赵、魏伐齐，连续攻下齐国七十余城，燕兵"入至临淄，尽取齐宝，烧其宫室宗庙"。齐湣王逃到莒，被淖齿杀死。齐湣王悲剧的根源，是轻视了人民。

《战国策》坚持以无神论为前提的民本思想，对于统治集团的荒淫无耻、毒辣残暴、害民扰民的行为予以毫不客气的揭露与抨击。虽然有些事情可能与人民没有直接联系，但腐朽不廉洁的为政之风肯定会产生扰民离心的客观后果。因此，宋康王辱骂直谏重臣、剖驼背人的背、砍断过河人的小腿以及楚怀王令劓魏美人之鼻等行为均受到时人的揭露和鞭挞。在揭露和鞭挞的同时，有作为的政治家常常提醒最高统治集团的成员，贵富、骄奢会把人引向死亡，导致亡国。魏公子牟游于秦，范雎语重心长地告诫他，贵后不要富，但富也一定会来；富后不要精美食物，但精美的食物也一定会来；有精美的食物不要骄奢，但骄奢一定会到来；骄奢后不要死亡，但死亡也一定会来。多少年来，沿着这样的轨迹走向悲惨结局的统治者不在少数。后来平原君又引用这段话告诫平阳君。

据《战国策·魏策二》，梁王魏婴在范台上宴请诸侯，酒酣，请鲁共公举杯共饮。鲁共公斟酌再三，说了一段令人深省的祝酒词：尧的女儿让仪狄造酒，其味甘美异常，进献给禹。禹喝了觉得味道非常好，为此而疏远了仪狄，也不再喝美酒，并说"后世一定有因饮酒而亡国者"。齐桓公半夜不快，易牙煎熬烧烤，调和五味进献给齐桓公，齐桓公吃得好，睡得香，一觉睡到天亮。齐桓公从这件事情中看出，后世一定有因为美味而亡国者。晋文公得到美人南威，三日不理朝政。晋文公推开南威，深有感触地说"后世一定有因女色而亡国者"。楚王登上强台远望崩山，左有长江右有洞庭，流连忘返，快乐得忘乎所以，遂发誓永不再登强台，并说"后世一定有因高台深池而亡国者"。今梁王您，有仪狄之酒、易牙之味、南威一样的美女、类似强台的夹林与兰台。四种快乐中有一种就足以亡国，而您四种兼有，能不谨防亡国之祸吗？鲁共公的祝酒词意味深远，言之有理，博得梁王魏婴连声称好。

魏公子牟与鲁共公强调统治者自身的廉洁，倒不是因为他们乐于艰苦与廉洁，而是因为亡国的利剑高悬，这把利剑的掌握者则是人民。统治集团若为政不廉，会在经济上加重人民的负担，在生产、生活上给人民带来巨大的不便，影响人民的正常生产与生活；在政治上残暴，会把人民推到水深火热之中。这种无视人民的行为必然导致人民无视国君，"苟无民，何以有君"！

《战国策》的富民、利民、安民事例和对荒淫残暴的鞭挞，实质上是一个完整的系统，富民、利民是具有进取性的思想，安民则是稳定生产和生活秩序，谴责荒淫残暴是希望统治集团廉洁自律，万不可自取灭亡。

（4）贵士

《战国策》中的以民为本，不仅强调富民、利民、安民，而且有明显的"贵士"倾向。对于各国最高统治集团来说，民的含义是广义的，它包括除自身以外所有的人。在所有的人之中，身怀一技之长的士人被视为英才，他们是社会注目的阶层。这些深受民本思想影响的士人由于无视天命鬼神，立足现实，在处世谋事时无不极尽主观努力，发挥个人才能，从民本逐渐向人本发展。

《战国策·齐策四》的《齐宣王见颜斶》和《先生王斗造门而欲见齐宣王》把战国的贵士思想发展到了极致。

齐边邑之人颜斶见齐宣王，齐宣王让颜斶走近上前，颜斶相持不前而直呼"王前",让齐宣王走近向前来"趋士",由此引发了"王贵"还是"士贵"的争论。齐宣王认为王贵,颜斶认为"士贵耳,王者不贵"。齐宣王周围的群臣认为"士之贱也"。为了说明士贵王不贵,颜斶从以下几个方面进行了论证:

一、昔日秦攻齐,秦王下令,到柳下惠墓地五十步之内采樵的人处死不赦。又下令,取齐王首级者封为万户侯,赏金二万两。活生生的齐王人头,竟然不如死士的一座坟。

二、尧有九人辅佐,舜有七个挚友,禹有五个助理,汤有三个帮手,他们有人辅弼,不耻下问,才成就了千秋大业,被世代称颂为英明君王。可见贵士的重要性。

三、老子说:"虽贵,必以贱为本;虽高,必以下为基。"侯王自称孤家、寡人、不谷,就是以卑贱为本,孤、寡原本是卑贱者的称谓,可现在成了侯王的自称,这不正是士贵王者不贵的根据?

颜斶的论辩,史论结合,步步深入,驳得齐宣王及其臣下哑口无言、心悦诚服,最后使他们不仅承认士贵于王,而且表示要重用颜斶。

颜斶与齐宣王论士贵之后,王斗见齐宣王又就这个问题进行了讨论。王斗为了显示士人的傲骨,首先要求齐宣王"趋士"。齐宣王从颜斶之事体会到士之尊贵与重要,即"趋而迎之于门"。即使如此,王斗仍毫不客气地说齐宣王是爱声色犬马而不爱士的乱君。他把齐宣王与齐桓公进行了比较："先君好马，王亦好马；先君好狗，王亦好狗；先君好酒，王亦好酒；先君好色，王亦好色；先君好士，而王不好士。"由于齐宣王不好士，所以不能创建与齐桓公相媲美的辉煌业绩。在王斗的奚落与开导下，齐宣王抛开亲近宠幸，选拔五位贤士担任重要官职，"齐国大治"。

类似于颜斶见齐宣王、王斗见齐宣王的贵士轻君的事情还有淳于髡见齐宣王，魏牟见赵王，能意见齐宣王等。有的见于《战国策》，有的见于《吕氏春秋》和《史记》。由此可见，战国时贵士、重士已蔚然成风。最高统治集团尊重、重用掌握文化知识和胸藏文韬武略的士人，是为了探索一条适应新的社会政治、经济、文化需要的治国之路，近为富国强兵王天下服务，远为建立新统治体制做准备。那些活跃于政治舞台上的士人，大部分都具有强烈的主体意识，能自觉地自我设计，自我实现，努力奋斗。他们的自身行为方面也体现了这种人本的倾向。

有人游说秦昭王，提出"贵奋"这样一个命题：人民"出其父母怀衽之中，生未尝见寇也，闻战，顿足徒裼，犯白刃，蹈煨炭，断死于前者，比是也。夫断死与断生也不同，而民为之者，是贵奋也。一可以胜十，十可以胜百，百可以胜千，千可以胜万，万可以胜天下矣"（《战国策·秦策一》）。

"贵奋"之说认为，只要人民勇敢不怕死，便可以以一当十，使君主王天下。这种"贵奋"延及士人则是要尽其忠心，尽其人事。这位士人总结秦国霸王之名不成的原因时说："此无异故，谋臣皆不尽其忠也。"秦之谋臣不尽其忠的第一层含义是谋私利不忠于秦君，第二层含义是明哲保身，不尽心竭力。如果从人本这个角度来看，智谋韬略为万事之本和不拘一格的人才谋略等都是战国人本思潮的具体反映。综观《战国策》中士人的活动，苏秦、张仪、淳于髡、公孙衍、范雎等等，都表现出积极参与、殚精竭智的精神，他们不等不靠，不怨天，不尤人，以"贵奋"精神为支柱，不辞辛劳，不畏败北，甚至不择手段，在责任、使命和利益的驱使下，生命不息，奋斗不止。民本思想在他们身上得到了充分的展现。

《战国策》蕴含的民本思想，是春秋战国时期浩浩荡荡的民本思潮中的一股激流。它的价值与风骚不仅体现于自身的独有特征，而且在于它与士人政治活动的完美结合和由这种结合而产生的升华。

首先，民本思想是战国士人设计韬略、构建智谋以及从事其他各种活动的基点之一。苏秦的择交安民、惠施的安黔首、司马错论伐蜀的"务富其民"等都是民本思想的体现。

其次，由民本思想延伸而来的"贵士"观念，促进了统治集团对人才的高度重视，引发了人才谋略的发达，为战国士人才华的充分发挥创造了难得的社会环境。更重要的是,"贵士"观念强化了战国士人的主体意识,推动着他们积极参与,认真探索。他们在参与和探索的过程中不断提高智慧水平,涌现出一批有所作为的战国士人。

再次,《战国策》的民本思想不是西方的人本主义,但它毕竟看到了人的力量,否认鬼神的存在。这种情况使人们进一步认识到自身的价值,特别是人类智慧的特殊力量。因此,在积极参与社会活动的同时,战国士人都十分注意主观能动性的发挥,在客观条件一定的情况下寻求出解决事情的最好办法,这种办法往往都是非同于一般的超凡智谋。

民本思想与战国士人社会实践的完美结合,一方面推动着战国文化发展到前所未有的高度,另一方面在士人的实践中民本思想又不断得到充实,并展现出人本思潮的新姿态。这种由民本升腾而来的人本思潮是《战国策》民本思想的顶峰,也是战国社会转型的思想基础之一。

2. 闪光的士人精神

伟大的时代创造伟大的人物,适宜的环境锻造闪光的时代精神。战国不仅造就了不胜枚举的时代人物,而且孕育出千秋不朽的士大夫精神,这种精神在《战国策》中得到了充分的体现。

（1）积极进取，建功立业

鲁襄公二十四年，鲁国叔孙豹出使晋国，向范宣子阐述了"人生三不朽"之说："豹闻之，大上有立德，其次有立功，其次有立言，虽久不废，此之谓不朽。"（《左传·襄公二十四年》）冯天喻先生认为，"三不朽"说的主旨是将个人有限的生命融入无尽的历史。当一个人确立起崇高的道德，建树起宏伟的功业，留下内容与形式双美的文字时，其德、行、言影响时人和后人至深至远，其人便经久而名不废，与无止境的历史同在，斯可谓"不朽"（《中华元典精神》）。"三不朽"是一种积极进取、建功立业、流芳百世的入世精神，这种入世精神是中国古代文化的基本倾向。《战国策》中的士人，在这方面表现得尤为亢奋。苏秦头悬梁、锥刺股，张仪受辱于楚而不气馁，鲁仲连周游列国排患释难，商鞅、吴起变法图强、以身献国，这些无不体现着积极进取、建功立业的精神。苏秦在游说赵国权臣李兑时，诉说了游说进取的艰辛，他说：洛阳乘轩里人苏秦，家境贫寒，双亲年迈，连个劣马拉的破车都没有。推着桑木轮小车，载着茅草编成的箱子，打着裹腿，穿着草鞋，冒尘土，越漳水，渡黄河，日行百里，脚打老茧，历尽万险。苏秦讲的只是奔波的劳苦，这种劳苦与游说为谋过程中的挫折失败相比较，只能算不足挂齿的区区小事。苏秦说秦王十次上书而无效，"黑貂之裘弊，黄金百斤尽，资用乏绝，去秦而归。羸縢履屩，负书担橐，形容枯槁，面目犁黑，状有愧色。归至家，妻不下纴，嫂不为炊，父母不与言。"(《战国策·秦策一》)张仪游说楚，因其为谋不老辣而遭诬陷，受笞数百后被逐，仅剩三寸不烂之舌回归故里。事业上惨败，他们不消沉，不怨天，不尤人，而是以无比坚忍的毅力继续进取，苏秦发愤读书钻研，张仪西入秦拼搏。若无强烈的事业心为支柱，若无建功立业的名利思想驱动，他们极可能会销声匿迹，老死于碌碌无为之中。

作为春秋战国显学的儒家，倡导的仁、义、孝、廉、信等，颇受时人的重视，常常被视为衡量某人贤否的准绳。《战国策·燕策一》记载，苏秦谋齐归燕，燕王听信他人的攻击，认为苏秦是无信之小人，故态度极为冷淡。苏秦知燕王欣赏的是"信如尾生，廉如伯夷，孝如曾参"的人，便向燕王认真阐发了信、廉、孝仅是"自覆之术，非进取之道"的看法：

> 且夫孝如曾参，义不离亲一夕宿于外，足下安得使之之齐？廉如伯夷，不取素餐，污武王之义而不臣焉，辞孤竹之君，饿而死于首阳之山。廉如此者，何肯步行千里而事弱燕之危主乎？信如尾生，期而不来，抱梁柱而死。信至如此，何肯杨燕、秦之威于齐而取大功乎哉？且夫信行者，所以自为也，非所以为人也。

皆自覆之术,非进取之道也。且夫三王代兴,五霸迭盛,皆不自覆也。君以自覆为可乎?则齐不益于营丘,足下不逾楚境,不窥于边城之外。且臣有老母于周,离老母而事足下,去自覆之术,而谋进取之道,臣之趣固不与足下合者。足下皆自覆之君也,仆者进取之臣也,所谓以忠信得罪于君者也。

《战国策·燕策一》的另一章《苏代谓燕昭王》中苏代也有相近的说法:

> 孝如曾参、孝己,则不过养其亲耳。信如尾生高,则不过不欺人耳。廉如鲍焦、史鳅,则不过不窃人之财耳。今臣为进取者也。臣以为:廉不与身俱达,义不与生俱立;仁义者,自完之道也,非进取之术也。

诚如苏秦、苏代所分析,仁、义、孝、廉、信都是自我提高、自我完善的方法,它可以提高人的道德修养,使人做到洁身自好,却不利于进取。历史事实表明,夏、商、周三代王朝更替,春秋五霸迭兴,无不是发展、进取的结果。倘若君王重用的人都像曾参那样守着老母亲寸步不离,像伯夷那样不吃周人之粟,像尾生那样为守信用抱柱而死,那将无人为国家的事情东奔西走,国家怎么能前进发展。对战国诸国来说,均处于逆水行舟,不进则退,存在的最好办法是进取发展,所以时代所需要的是具有献身精神的进取开拓者,而不是拘泥于礼义、谨小慎微的温雅君子。同样,也只有敢于进取、善于开拓者才受到时代的偏爱。苏秦、苏代对仁、义、孝、廉、信的看法反映了时代的需要与士人的精神面貌。

素有"弘辩智士"之称的蔡泽被逐出赵国来到韩、魏,途中又遭抢劫,吃饭的釜鬲丧失殆尽。听说秦应侯范雎任用的郑安平、王稽等人皆负重罪,范雎深感内疚,蔡泽便借机入秦,打算见秦昭王。在见秦昭王之前,范雎特约蔡泽见面,在两人的谈话中,蔡泽阐发了战国士人的"三愿":

第一愿是"夫人生手足坚强,耳目聪明圣知"。这一愿着重于身体素质与文化素质,强壮的体魄、坚强的意志、渊博的知识与高超的谋略是他们的基本要求。

第二愿是"质仁秉义,行道施德于天下,天下怀乐敬爱,愿以为君王"。这一愿着重于社会活动目的,辅佐英明的君王,凭借仁义对天下施行道义德政,让天下的百姓都从内心深处拥戴他,敬重他,这是士人追求的现实目标。

第三愿是"富贵显荣,成理万物,万物各得其所;生命寿长,终其年而不夭伤;天下继其统,守其业,传之无穷,名实纯粹,泽流千世,称之而毋绝,与天下终"(《战国策·秦策三》)。这一愿着重于个人的崇高追求,个人富贵显荣,长养万物,各得其所,尽量自然长寿而不夭折;对社会的贡献则是要创造不朽的名与实、完美无缺的业绩,让天下人都继承他的传统,保卫他的事业,恩泽流传千代,后人称颂不绝,与日月同辉,与天地共存。

蔡泽提出的战国士人三愿,虽不如叔孙豹的"三不朽"简练精到,却丰富饱满,具有鲜明的时代特色,把个人与社会、现实与未来、奋斗追求与万世流芳有机地结合起来,突出个人奋斗、个人素质与成功的内在关系,鼓励战国士人积极进取,建功立业。

战国士人的这种精神作为一种时代精神,社会影响颇大,不仅激励着士人入世奋争,而且督促着身居高位的世袭贵族放眼大局,思虑未来,积极为国立功,努力创造辉煌。《战国策·赵策四》中的《赵太后新用事》是反映这种精神的精彩文字:

> 赵太后新用事,秦急攻之。赵氏求救于齐,齐曰:"必以长安君为质,兵乃出。"太后不肯,大臣强谏。太后明谓左右:"有复言令长安君为质者,老妇必唾其面。"
>
> 左师触龙愿见太后。太后盛气而胥之。入而徐趋,至而自谢,曰:"老臣病足,曾不能疾走,不得见久矣。窃自恕,而恐太后玉体之有所郄也,故愿望见太后。"太后曰:"老妇恃辇而行。"曰:"日食饮得无衰乎?"曰:"恃粥耳。"曰:"老臣今者殊不欲食,乃自强步,日三四里,少益耆食,和于身也。"太后曰:"老妇不

能。"太后之色少解。

左师公曰:"老臣贱息舒祺,最少,不肖。而臣衰,窃爱怜之,愿令得补黑衣之数,以卫王宫。没死以闻。"太后曰:"敬诺。年几何矣?"对曰:"十五岁矣。虽少,愿及未填沟壑而托之。"太后曰:"丈夫亦爱怜其少子乎?"对曰:"甚于妇人。"太后笑曰:"妇人异甚!"对曰:"老臣窃以为媪之爱燕后,贤于长安君。"曰:"君过矣,不若长安君之甚。"左师公曰:"父母之爱子,则为之计深远,媪之送燕后也,持其踵为之泣,念悲其远也,亦哀之矣。已行,非弗思也,祭祀必祝之,祝曰:'必勿使反!'岂非计久长,有子孙相继为王也哉?"太后曰:"然。"左师公曰:"今三世以前,至于赵之为赵,赵主之子孙侯者,其继有在者乎?"曰:"无有。"曰:"微独赵,诸侯有在者乎?"曰:"老妇不闻也。""此其近者祸及身,远者及其子孙。岂人主之子孙则必不善哉?位尊而无功,奉厚而无劳,而挟重器多也。今媪尊长安君之位,而封之以膏腴之地,多予之重器,而不及今令有功于国,一旦山陵崩,长安君何以自托于赵?老臣以媪为长安君计短也,故以为其爱不若燕后。"太后曰:"诺,恣君之所使之。"于是为长安君约车百乘,质于齐,齐兵乃出。

子义闻之,曰:"人主之子也,骨肉之亲也,犹不能恃无功之尊，无劳之奉，而守金玉之重也，而况人臣乎？"

触龙作为一个精通历史、眼光敏锐、有远见的政治家，看到了战国时期权力与财产转移的规律。不仅赵国从三世以前至三家分晋、赵之立国，赵王的后代没有继续执政者，其他诸侯国也无不是如此。究其原因，是待遇优厚、地位显赫，对国家权力依仗程度过高，使其丧失了进取的动力，这也成为建立功勋、为国立功的无形障碍。在战国这样一个变化剧烈的时代，世卿世禄制已残破不全，政治特权无法长久保证其地位。"封之以膏腴之地，多予之重器"，只能解决一时的问题，而无济于一世及后世。唯有积极进取，为国立功，才是长远之计。恼怒至极、态度强硬的赵太后折服于触龙所讲的积极进取、为国立功的精神，考虑到长安君的发展前途，欣然应允长安君为质于齐。这件事情表明积极进取，为国立功的确是一种深入人心的时代精神。

积极进取的方式是多样的，作为个人要建功立业，当纵横家跻身于政权要位后，则要鼓励国君在开拓中发展，在改革中前进，而个人则在改革中展现才华，体现进取精神。《战国策》记载的秦国的商鞅变法、赵国的胡服骑射等重大改革，都与士人的活动有直接的关系。商鞅变法，商鞅是主持者。胡服骑射，肥义是支持者，肥义的"疑事无功，疑行无名"，"夫论至德者，不和于俗；成大功者，不谋于众"(《战国策·赵策二》)等，是赵武灵王坚持改革的理论依据。如果不局限于《战国策》所记载的变法，其他国度的变法改革都与富有进取开拓精神的士人有关：李悝主持魏国变法，公仲连主持赵国变法，吴起在魏国进行军事改革和后来到楚国主持变法，申不害主持韩国改革，邹忌主持齐国改革……这些变法改革不仅是战国时代的主旋律，而且体现了战国士人的开拓进取精神。

（2）强烈的忧患意识

积极进取、建功立业是一种向上的精神，而强烈的忧患意识则是这种精神的思想根源。忧患意识萌芽于商末，勃发于西周初年神本向民本转化的关节点。西周一代的忧患意识着重于"忧位"、"忧君"，春秋战国时期发展为"忧道"、"忧民"、"忧天下"，其内容也更为丰富。《战国策》反映的忧患意识，既不同于孔子的"君子谋道不谋食。……君子忧道不忧贫"(《论语·卫灵公》)，又不同于孟子的"乐民之乐者，民亦乐其乐；忧民之忧者，民亦忧其忧"(《孟子·梁惠王》)，它所突出的是"忧社稷"。社稷的原意为土、谷之神，《白虎通义》说："人非土不立，非谷不食，……故封土立社，示有土也；稷，五谷之长，故立稷而祭之也。"中国古代是以农业立国的社会，历代政权必先立社稷，作为国家政权的象征。同样,战国时期"社稷"一词除了有土神与谷神的原始含义外,更多的是作为国家政权代名词出现的。战国时期诸国政权把变法图强、富国强兵和在兼并与反兼并斗争中立于不败之地作为他们的工作重心,围绕着这个重心展开一系列别开生面的活动。在这种环境中,象征国家政权的"社稷"一词的内涵也更丰富,"忧社稷"成为具有时代特色和综合意义的忧患意识。它在运作方面强调实践,其强烈程度达到不惜献身之极限。在《战国策·楚策一》中,楚国莫敖子华把士人"忧社稷"概括为五种类型:

第一种,"廉其爵,贫其身,以忧社稷者"。典型者是令尹子文。令尹子文,穿着黑色绸布礼服上朝,回家后赶快换上鹿皮缝制的粗衣;天不亮就站在朝道上等候朝见,天黑后才回家吃饭;家里穷得朝不保夕,没有一个月的存粮。"故彼廉其爵,贫其身,以忧社稷者,令尹子文是也。"这种人廉洁奉公,兢兢业业,只讲奉献,无意于索取,忧患意识特别强烈。

第二种,"崇其爵,丰其禄,以忧社稷者"。典型者是叶公子高。叶公子高是从民间选拔出来的人才,他平定白公胜之乱,稳定楚国的局势,扩大楚国的领土,收复方城以北之地,使楚国四境不受侵犯。由于叶公子高功勋卓著,楚王封其食禄田地六百畛。叶公子高官厚禄高,忧患意识强烈,为楚国建立了不朽的功勋。

第三种,"断脰决腹,一瞑而万世不视,不知所益,以忧社稷者"。典型者是莫敖大心。吴、楚柏举之战,双方战车、徒兵混战在一起,莫敖大心抚摸着给他驾车人的手,回头长叹说,楚国危在旦夕,我准备驰车深入吴军,能打死一个或活捉一个就够本。如果楚国的人都能这样,国家还能灭亡吗?为了国家甘愿抛头颅、洒热血,莫敖大心堪称楷模。

第四种,"劳其身,愁其志,以忧社稷者"。典型者是棼冒勃苏。吴、楚柏举之战,三战之后吴军攻入楚都郢。楚昭王与群臣大夫出逃,百姓离散。棼冒勃苏认为,自己披坚甲、握利刃与敌人拼命,只是起到了一个普通士兵的作用,不如到其他诸侯国求救。他身带干粮,攀高山峻岭,越深谷大河,脚破膝伤,日夜兼程,七天到了秦国。在秦王廷外像雀鸟一样站立了七天七夜,滴水未进,哭泣着请求秦国出兵救援,直至气绝身倒,失去知觉,秦王方决定派战车千辆、士兵万人急救楚国。棼冒勃苏为了楚国的存亡,不辞辛劳,心志愁苦,不屈不挠,虽与莫敖大心的形式不同,可同样反映出忧社稷的赤诚之心。

第五种,"不为爵劝,不为禄勉,以忧社稷者"。典型者是蒙穀。吴、楚柏举之战后,吴军进入郢都,蒙穀脱离战场,回郢都入楚宫,背起楚国的法律典籍浮江而下,逃亡于云梦泽中。楚昭王返回郢都，五官无法可循，社会秩序混乱。蒙穀献出保存的法律典籍，为楚国残败后的迅速恢复稳定作出了重大贡献。鉴于蒙穀的功劳，楚昭王封其执圭之爵，田六百畛。蒙穀生气地说，自己不是君王个人的臣子，而是国家的臣民，倘若社稷神灵受到祭祀，难道还需要忧虑国家没有君主吗？蒙穀隐居于磨山之中，他的子孙后代继承他"不为爵劝，不为禄勉"的精神，也没有身居高官者。

莫敖子华列举的五类"忧社稷"之臣，其典型例子都是春秋时期楚国人，所以楚威王乃叹息说："此古之人也。今之人焉能有之耶？"莫敖子华不以为然，他认为不是没有，而是更多，关键在于君王的发现。为了说明这个道理，莫敖子华举了两个例子：第一个是先君楚王喜欢细腰的人，不少人宁肯受饥挨饿，也要追求苗条；第二个是国君喜欢射箭，其臣子也竞相习射。他的结论是："君王直不好，若君王诚好贤，此五臣者，皆可得而致之。"换句话说，就是只要君王真心好贤，五种类型的"忧社稷"之臣会不招而自来。由此看来，莫敖子华所列举的五类"忧社稷"之臣，在战国时期人数众多，唾手可得。事实也正是这样，像苏秦、张仪、淳于髡、公孙衍、鲁仲连、范雎、白起、王翦、蔺相如、廉颇、李牧、李悝、吴起、商鞅、孙膑、乐毅、田单、平原君赵胜、信陵君魏无忌、春申君黄歇、孟尝君田文等这样的杰出人物，在战国真是不胜枚举。其中的纵横家不仅在思想上有强烈的忧患意识，而且更注重把这种忧患意识转化为实际行为，为其所辅弼之国四方奔走，大声疾呼。

忧患意识是强烈的社会责任感和历史使命感，这种责任感和使命感推动着他们去进取、去立功。同样，还是这种责任感和使命感使他们在和平气氛中率先察觉隐患，时常提醒君王要居安思危。秦昭王踌躇满志，认为孟尝君、芒卯率韩、魏之强兵伐秦无奈而还，那么如耳、魏齐率韩、魏之弱兵伐秦，也一定还是无果而归。秦臣中期以智氏恃强而败于韩、赵、魏的历史事件，奉劝秦昭王勿因轻敌而蹈智氏之旧辙。赵之上卿为赵说楚春申君时，曾特意提醒春申君要"于安思危，危则虑安"（《战国策·楚策四》），一定要把居安思危作为考虑问题的立足点，只有居安思危，才能不断发展，长居久安。居安思危这种明确的忧患意识反映在战国士人的活动之中常常是向最好处努力，从最坏处着想。

（3）英勇无畏，敢于献身

战国士人竞相钻研学问，积极参与社会实践，在个人努力与社会砥砺之下锻造出了英勇无畏、敢于献身的精神。这种精神在《战国策》里得到了充分的体现，在士人的活动中得到了充分的发挥。

战国士人对他们自身的价值估价颇高,敢在国君面前直呼士贵王不贵,公开宣称"万乘之君,得罪一士,社稷其危"(《战国策·楚策一》)。中山君从其亲身经历中对士人的价值有了深刻的认识。中山君宴请城中的士大夫,司马子期也在其中,分食羊羹时因羊羹不足司马子期没能分到。盛怒之下司马子期跑到楚国,游说楚王攻中山。中山君战败逃亡,有两个人执戈紧随其后。中山君问两个人是干什么的,那两个人说,他们的父亲在快要饿死的时候,中山君拿出壶中的食物给他吃。父亲临终前嘱咐,如果中山国有战事,他们一定效死力为君王战。中山君从这件事中得出结论:"吾以一杯羊羹亡国,以一壶餐得士二人。"(《战国策·中山策》)士人的社会价值与社会能量可见一斑。

战国士人的社会价值之高和社会能量之大,不仅因为他们有较丰富的知识、较高的素质、较强的参与意识和进取精神,而且因为他们英勇无畏,敢于献身,为了自己认为有意义的事业,孜孜以求,勇往直前,不怕天,不怕地,不惧官,不畏君,不怕死。这种精神以及受这种精神影响的气势和氛围,是他们增强自身的社会价值和社会能量的重要因素。

范雎游说秦昭王,表达了战国士人对生死的看法:

臣非有所畏而不敢言也，知今日言之于前，而明日伏诛于后，然臣弗敢畏也。大王信行臣之言，死不足以为臣患，亡不足以为臣忧，漆身而为厉，被发而为狂，不足以为臣耻。五帝之圣而死，三王之仁而死，五伯之贤而死，乌获之力而死，奔、育之勇焉而死。死者，人之所必不免也。处必然之势，可以少有补于秦，此臣之所大愿也，臣何患乎？

伍子胥橐载而出昭关，夜行而昼伏，至于菱水，无以饵其口，坐行蒲服，乞食于吴市，卒兴吴国，阖闾为霸。使臣得进谋如伍子胥，加之以幽囚，终身不复见，是臣说之行也，臣何忧乎？

箕子、接舆漆身而为厉，被发而为狂，无益于殷、楚。使臣得同行于箕子、接舆，漆身可以补所贤之主，是臣之大荣也，臣又何耻乎？臣之所恐者，独恐臣死之后，天下见臣尽忠而身蹶也，是以杜口裹足，莫肯即秦耳。……若夫穷辱之事、死亡之患，臣弗敢畏也。臣死而秦治，贤于生也。(《战国策·秦策三》)

由于他们认为献身于有价值的事业是有意义的，在具体活动中英勇无畏、敢于献身的精神特别强烈，加之有意识地追求、培养，这种精神成为他们综合素质中的有机构成部分，并在某种特定的环境下闪烁异彩。

秦王政派使者通报安陵君，秦要以五百里之地交换安陵。由于安陵是魏国地，安陵君婉言谢绝。为了免遭灭顶之灾，消除秦王政的不悦，安陵君请唐雎出使秦国交涉。由于唐雎坚持原则，寸土不让，激怒了秦王政。秦王政说"天子之怒，伏尸百万，流血千里"，以武力征伐相威胁。唐雎针锋相对，盛言布衣之怒：

> 唐雎曰："大王尝闻布衣之怒乎？"秦王曰："布衣之怒，亦免冠徒跣，以头抢地耳。"唐雎曰："此庸夫之怒也，非士之怒也。夫专诸之刺王僚也，彗星袭月；聂政之刺韩傀也，白虹贯日；要离之刺庆忌也，仓鹰击于殿上。此三子者，皆布衣之士也，怀怒未发，休祲降于天，与臣而将四矣。若士必怒，伏尸二人，流血五步，天下缟素，今日是也。"挺剑而起。秦王色挠，长跪而谢之曰："先生坐，何至于此，寡人谕矣。夫韩、魏灭亡，而安陵以五十里之地存者，徒以有先生也。"
> （《战国策·魏策四》）

在秦王政的心目中，平民百姓生气发怒，只会脱帽光脚，用头撞地。唐雎认为这只是平庸之辈、贪生怕死之流的情况，而那些英勇无畏的士人之怒，则是冲云霄，贯长虹，惊天地，泣鬼神。雄兵在握，统一在即，大略雄才的秦王政为唐雎的这种无畏精神所震动，钦佩之情油然而生。

唐雎讲的聂政刺韩傀一事见于《战国策·韩策二》。轵城人聂政是著名的勇士，为避仇杀隐居在屠户之中。韩国严遂为杀仇敌韩傀寻得聂政，结为知己。聂政在母亲死后为报答严遂的知遇之恩，在东孟之会上只身刺韩傀。为了不留下线索连累他人，聂政自己用刀刺自己的脸，挖眼剖腹而死。聂政的姐姐认为弟弟浩气雄壮，超过了勇士孟贲、夏育和成荆，理应扬名于后世，乃抱着他的尸体哭着说出了聂政的名字，然后自刎于聂政身旁。《战国策·韩策二》以赞赏的态度记述了这件事情，并说："聂政之所以名施于后世者，其姊不避菹醢之诛，以扬其名也。"

战国士人英勇无畏、敢于献身的典型事例是脍炙人口、传诵千古的荆轲刺秦王。据《战国策·燕策三》，荆轲一人"提一匕首，入不测之强秦"，他舍生取义的壮举撼人肝心，众人在易水之上悲歌而别："风萧萧兮易水寒，壮士一去兮不复还！"送行的士人"皆瞋目，发尽上指冠"。在荆轲刺秦王这个故事中，前前后后有田光、樊於期、荆轲、高渐离等人献出了生命。田光是燕太子丹的谋臣，献上荆轲刺秦王之计后，为了表明永不泄密的决心和激励荆轲，"自刭而死"。樊於期是避罪于燕的秦将军，秦王政以金千斤、邑万家悬赏杀死樊於期。樊於期为了报秦王戮其父母宗族之仇，促成荆轲，自刎而死，请荆轲带着他的头颅去见秦王。荆轲是这个故事中的主角，刺秦王未遂死于秦的咸阳宫。高渐离是荆轲的门客，后来借为秦始皇击筑，以乐器击秦始皇不中而身亡。荆轲刺秦王一事，展现的是一个英雄群体，反映的是战国士人的英雄气概。

战国士人的英勇无畏、敢于献身精神是多层次、多方面的，不仅仅反映在挑战君王权威、行刺拼命，而且表现为以身殉道。齐国游士鲁仲连认为，秦国"弃礼义，而上首功之国也。权使其士，虏使其民"，倘若秦国为帝统治天下，"则连有赴东海而死矣！吾不忍为之民也"（《战国策·赵策三》）！如果秦国为帝统治天下，鲁仲连宁肯跳东海而死，也誓不为之臣民，这是典型的以殉道为形式的献身精神。

《战国策》所反映的英勇无畏、敢于拼命的精神，不是简单、肤浅的拼命主义，而是一种理智、深沉的思考。他们所为之拼命、献身的事业，至少他们本人认为是有价值的事业。他们正是凭借着这种精神，在思想上自由思考，在行为上无所拘束；当权为政，奋力开拓；奇谋异策，空前绝后；著书立说，各抒己见。也正是以英勇无畏、敢于拼命为底蕴，他们的形象更高大，社会能量更强大，历史价值更突出。

独具风骚的民本思想和闪光的士人精神作为战国时代精神的重要内涵，是各阶层社会成员、各家学派的共同财富，在他们身上都有强弱不一、形态各异的体现。《战国策》

浓墨重书民本思想与士人精神，以及纵横家游说为谋、合纵连横活动中对民本思想与士人精神的偏爱，表明纵横家深受时代精神的影响。在这种时代精神的促进下，纵横家生气勃勃，不畏艰险，积极入世，奋力进取。

四　纵横家的流变

战国是纵横家最活跃的时期，纵横学在秦汉时期仍为显学。汉武帝之后，纵横家发生变化，只能见到与纵横家有一定历史渊源关系、继承纵横家部分特性的社会阶层。与此同时，长短纵横之术也在理论上发生了转型。

1. 秦汉之际的纵横家

公元前221年秦始皇统一中国，结束了战国的兼并与反兼并斗争，中国古代历史进入了统一的中央集权时代，纵横家失去了再发展的社会基础。秦始皇统一中国后的焚书坑儒，使纵横家与其他学派一样遭到了空前的重创，显赫一时的纵横家在秦朝顿时暗淡下来。然而，秦王朝过于命短，它可以使纵横家顿时失色，却没能将纵横家斩草除根，长短纵横之术仍然学有传人。为刘邦运筹帷幄、决胜千里的张良，是韩国贵族的后裔，博浪沙刺秦始皇失手以后，隐居于下邳，捡履拜良，得《太公兵法》一书。该书多有权变谋略长短之术，成为张良做王者之师的教科书。这件事情说明，焚书坑儒并没能根绝纵横家的传人与学术。只是在秦王朝时期纵横家由公开转入地下，不能再像以前那样公开游说。再者，纵横家的学术已是战国时期深入文化深层面的学问，一道诏书，一把大火，短短的十余年专制统治，不可能使纵横家的学术彻底断绝。

公元前209年，陈胜、吴广揭竿而起，爆发了波澜壮阔的秦末农民大起义。公元前206年秦王朝灭亡，中国又陷入新一轮的纷争动荡之中。这次历史动荡大致可以分为两个阶段，第一阶段是"秦失其鹿，天下共逐之"，其中包括各路义军合力灭秦和楚汉之争；第二阶段是西汉王朝中央政府与地方势力的斗争。秦末汉初的不稳定局面，再次为纵横家创造了一展风姿的机遇。战国时期养士之风、游说之举和长短纵横之术在新的机遇面前东山再起，纵横家的学术再度成为一时的显学，出现了一批专务长短纵横之术的纵横家和专论长短纵横之术的学术著作。

在"秦失其鹿，天下共逐之"时期，纵横家的代表人物有陈平、张良、蒯通、郦食其等。在西汉王朝中央政府与地方势力斗争时期，纵横家的代表人物有陆贾、伍被、枚乘、主父偃等人。此外，羊胜、公孙诡、严助、徐乐、曹王生、邹阳等人也是这一时期活跃于朝野内外的纵横家。

这一时期,有关长短纵横之术的学术著作,尽管曾遭秦火之焚,但仍有不少传世,其中有先秦流传下来的,也有秦汉人新作的,现在知道的主要有:

《苏子》三十篇

《张子》十篇

《庞煖》二篇

《阙子》一篇

《国筮子》十七篇

《秦零陵令信》一篇

《蒯子》五篇

《邹阳》七篇

《主父偃》二十八篇

《徐乐》一篇

《庄安》一篇

《待诏金马聊苍》三篇

《鬼谷子》十三章又三篇

《虞氏春秋》十五篇

《虞氏微传》二篇

《鲁仲连子》十四篇

《陆贾》二十二篇

《新语书》十二篇

《庄助》四篇

《战国策》的前身《国策》《国事》《短长》《事语》《长书》《修书》等，去其重复者计三十三篇

《战国纵横家书》二十七章

由于历史环境的变化，这一时期纵横家的主要活动在早期是辅弼刘邦君臣灭秦击楚建立西汉王朝，后期或为封王出谋划策、奔走联络，或辅佐中央政府削藩。其活动的具体形式是游说联络，其活动的核心内容是贡献权术智谋，力图以奇计良策制胜。秦汉时期主要纵横家及其活动情况大致如下：

郦食其，陈留高阳人，出身贫寒，职业卑贱。在陈留之郊为刘邦献据陈城、食陈留粟、合纵天下诸侯共击秦之策，使刘邦数月"纵兵以万数，遂入破秦"。后来在楚汉相争之时，出使齐国游说齐王田广归附，为韩信攻齐创造了有利条件，最后因此事被齐王田广烹杀而死。郦食其能言善辩，智勇兼具，是一个活脱脱的纵横家。

蒯通，燕国范阳人，游说于齐国，为齐国著名的辩士和纵横家。他曾游说范阳令及武信君，后因说韩信谋反而被刘邦抓获，但终因善说巧辩，以"独知韩信，非知陛下"之说而免杀身之祸。蒯通"善为长短说，论战国之权变，为八十一首"，著有《蒯子》五篇。

张良，字子房，韩国贵族后裔。秦末农民大起义爆发

后，一心辅弼刘邦。张良足智多谋，善于权变。在联合诸侯、夺取天下、铲除异己、巩固汉初政权等重大政治、军事和外交活动中，为刘邦贡献出许多奇谋异策。

陈平，魏国阳武户牖乡人，少时家贫，好读书。曾先后投奔魏王咎、项羽，后来投靠刘邦，为刘邦谋划了反间突围、计擒韩信、解平城之围等巧计，以高超的政治智慧与谋略闻名于世。

陆贾，楚人，初以宾客身份跟随刘邦定天下。西汉建立之初出使南越，使其臣服汉室。后来为高祖刘邦谋划文武并用的长久之术。吕后专权时期，存身避祸，为汉室诛灭诸吕建立奇功。著有《新语书》十二篇。司马迁评论说："余读陆生《新语书》十二篇，固当世之辩士。"

伍被，楚人，传说是伍子胥的后代。才华横溢，为淮南王刘安的数百英俊之士的冠首，多次谏阻淮南王谋反。在淮南王执意造反的情况下，为之献以"徙郡国豪杰及耐罪以上"到朔方为掩护的起兵之计。最后因参与淮南王谋反被杀。

邹阳，齐人，"为人有知谋，慷慨不苟合"，以文辩著名，辅佐吴王刘濞。书谏吴王认清形势，不可轻举妄动、图谋不轨。吴王拒谏不听，邹阳便以宾客的身份从游于梁孝王。梁孝王听信他人谗言，擒邹阳下狱。邹阳在狱中上书梁孝王，文辞朴实，语言诚恳，言之有理。梁孝王看罢书信，释放邹阳,并拜为上客。梁孝王争立汉帝之嗣、刺杀朝中大臣爰盎等事败露,担心构罪被诛。邹阳说动王长君乘间在皇上面前为梁孝王释罪存命。

枚乘,淮阴人,擅长说理、辞赋,游于吴、梁。在吴,两次谏阻吴王为乱。他所上的谏书类比引申,条分缕析,长于说理。吴王反心深积,不听劝阻。吴楚七国之乱后,被汉景帝拜为弘农都尉,但他告病辞官,复游于梁孝王。汉武帝闻枚乘大名,召请到长安,但因年老体衰,死于途中。

严助,会稽人,以文辩著名。会稽君举贤良,被汉武帝拜为中大夫。闽越起兵伐东瓯,东瓯告急于汉。武帝听从严助建议,派严助发会稽之兵渡海救瓯,迫使闽越退兵。三年后,闽越又起兵攻伐南越,汉兵未至,闽越因内讧而降退。武帝令严助出使南越,传天子之意,南越王顿首感激,派太子入侍武帝。严助自南越返汉后,又出使淮南,向淮南王通报天下局势及南越之事,借机与淮南王结交。后来严助为会稽太守。武帝数年不闻严助的佳绩善声,赐诏令其勿学苏秦纵横家言。严助恐构罪,经武帝应允,回到长安侍奉武帝。最后因与淮南王谋反有涉,被诛杀弃市。

边通,饱学长短纵横之术,官至济南相,后因失职之故降为长史。边通与朱买臣、王朝等人合谋,制造冤案,陷害张汤。张汤死后,案情大白,边通等人被诛。

主父偃,齐国临淄人,精于长短纵横之术。曾游说于齐国诸侯王子之间，但受到儒生排挤。后又游说于赵、燕、中山等国，未受厚待。最后游说于卫青，上书朝廷，论汉代律令，谏伐匈奴。受重用后又向汉武帝献推恩削藩，内实京师，外削狡猾的除奸之谋。最后，被汉武帝以接受赂金、逼死齐王的罪名灭族。

诸多活跃于政治舞台的纵横家、流行于社会的纵横家著作，特别是1973年出土于长沙马王堆汉墓的《战国纵横家书》，都说明长短纵横之术仍是秦汉之际的显学。但是，随着汉武帝"罢黜百家，独尊儒术"和儒家独尊地位的确立，纵横家受到儒家的强力排挤，主父偃被杀不仅是政治斗争的结果，而且是中国古代纵横家学派的终结。从公元前209年到汉初的纵横家文化的又一高潮，时间虽然有限，但它克服了秦王朝摧残文化的大劫难，架起战国到西汉的桥梁，把纵横家文化直接与其他传统的中国文化相对接，对纵横家文化的长期流传起了很大的作用。

最后一位纵横家主父偃被杀，标志着一个学派——纵横家也画上了历史的句号。但是，这并不意味着纵横家及其文化学术的销声匿迹。纵横家及其学术源远流长，盛行于战国和秦汉之际，到了汉武帝时期，纵横家的终结，只是表明它存在的独特历史条件暂时消失，可它生存的基本土壤仍在，加之其作为一种文化早已渗透到了中国传统文化的母体之中，融会为中国传统文化的有机构成部分，所以纵横家虽然背着不道德的名声,但并不妨碍纵横家文化流传和长短纵横之术被人运用。长短纵横之术以"变态"的形式长期被运用于官场政治斗争之中,通过渗入其他文化的渠道长期存在于中国的传统文化之中。

2. 秦汉以后纵横家的变异

战国、秦汉之际的纵横家是一个复杂的社会群体,其中有世袭权贵,也有平民布衣,参加合纵连横活动的人物不在少数,使用长短纵横之术的人更是不计其数,也不只局限于严格意义上的纵横家。作为纵横家教科书的《战国策》,突出了纵横家的游说和崇尚计谋的主要特征,但是也流露出纵横家对勇敢精神和武勇之风的推崇。唐雎斥秦王、聂政刺韩傀、荆轲刺秦王等都表明纵横家对仗义行侠的追求。在纵横家断绝之后,部分人便继承了纵横家中的游与侠,形成纵横家的变异——游侠。

司马迁独具慧眼,首次为游侠立传,最先揭示了游侠与纵横家的联系。他在《史记·游侠列传》中说:

> 古布衣之侠,靡得而闻已。近世延陵、孟尝、春申、平原、信陵之徒,皆因王者亲属,藉于有土卿相之富厚,招天下贤者,显名诸侯,不可谓不贤者矣。

关于纵横家与游侠的关系,班固在《汉书·游侠传》

中讲得更清楚：

> 陵夷至于战国，合纵连横，力政争强。由是列国公子，魏有信陵，赵有平原，齐有孟尝，楚有春申，皆藉王公之势，竞为游侠，鸡鸣狗盗，无不宾礼。而赵相虞卿弃国捐君，以周穷交魏齐之厄；信陵无忌窃符矫命，戮将专师，以赴平原之急。皆以取重诸侯，显名天下。

司马迁和班固所说的战国四君子，既是高级贵族和风云一时的权贵，又是最积极的纵横家和各种士人的豢养者，他们自身的作风颇有游侠之意味，所以司马迁和班固在祖述游侠之源时首推"战国四君子"。

在"二十五史"中，只有《史记》和《汉书》为游侠立传。根据《史记》和《汉书》，当时的游侠除了从游与侠两个方面继承了纵横家的特质，还在思想观念方面继承了长短纵横之术的部分内容。当时的游侠大致可分为以武犯禁的布衣之侠、王侯卿相的座上客和卖身投靠官府权贵者三大类型。

第一种类型继承了纵横家中优秀分子的优秀品质。"其行虽不轨于正义，然其言必信，其行必果，已诺必诚，不爱其躯，赴士之厄困。既已存亡死生矣，而不矜其能，羞伐其德，盖亦有足多者焉。"（《史记·游侠列传》）游侠"救人于厄,振人不赡,仁者有乎;不既信,不倍言,义者有取焉"(《史记·太史公自序》)。这类游侠的主要代表人物有仗义疏财的鲁人朱家,以行侠闻名的楚人田仲,以任侠扬名于诸侯的洛阳人剧孟,勇于为报仇而坚持正义的轵县人郭解。

第二种类型继承了纵横家善于游说国君权贵,但又不失豪气之风。他们节义高尚,与主人性情相投。游侠贯高为赵王张敖之相,在汉高祖刘邦对赵王张敖有无礼之举时,甚为不平,拟刺杀刘邦。后事发,刘邦认为赵王与之同谋,逮捕赵王入京师治罪,诏曰:"赵王属官宾客敢至京师者族诛。"贯高为了洗雪赵王的冤屈,自髡钳为家奴,从至京师,在严刑之下坚持说赵王未参与此事。高祖刘邦得知实情后,为贯高的高风亮节所动,赦免赵王张敖,并拟赦免贯高,但贯高以"所以不死一身无余者,白张王不反也。今王已出,吾责已塞,死不恨矣。且人臣有篡杀之名,何面目复事上哉?纵上不杀我,我不愧于心乎"(《史记·张耳陈余列传》),自杀而死。从此,贯高以节义高尚而闻名天下。类似贯高这种崇尚气节的游侠宾客,在秦汉之际是较多见的。高祖刘邦命田横入洛,田横自杀于偃师尸乡沟,随从他的二人自刎于田横墓旁,留在海岛上的五百宾客闻田横之死,也皆自杀。

第三种类型继承了纵横家不讲道义、唯利是图的一面,走上追逐权贵,卖身投靠官府或权贵的歧途,成为人们唾弃的卑鄙小人。他们仰承主子鼻息,为非作歹,肆无忌惮。梁孝王指示游侠杀爰盎,丁外人指示游侠杀樊射,灌夫与豪侠大猾相通,横行于颍川,布衣之侠万章与宦官中书令石显相勾结,成为长安的名豪。这些充当权贵、官宦爪牙的游侠为司马迁和班固所不齿,《汉书·游侠传》说:"盗跖而居民间者耳,曷足道哉!此乃乡者朱家所羞也。"

文帝、景帝和武帝时期诛杀游侠,但游侠并未因此而销声匿迹,反而纷纷复出。班固也承认:"自哀、平间,郡国处处有豪杰。"只是从《后汉书》起,史家站在统治集团的立场之上,不再为游侠立传。但是,这并不等于社会上不复存在游侠。魏晋南北朝的诗篇、唐代的传奇,乃至宋元话本,其中都不乏游侠的形象。唐裴铏作《传奇》塑造出"昆仑奴""聂隐娘""崔炜""裴航"和"韦自东"等游侠形象,在宋代广为流传。唐袁郊作《甘泽谣》,"红线""圆观"等游侠剑客的故事脍炙人口。

在诗人、词家的笔下,游侠的形象更为鲜明和富于传奇色彩。曹植《白马篇》歌颂了幽并二州的游侠:"白马饰金羁,连翩西北驰。借问谁家子,幽并游侠儿。"

陶渊明对荆轲刺秦王失败深表遗憾,对他的精神倍加推崇:"惜哉剑术疏,奇功遂不成。其人虽已没,千载有余情。"(《咏荆轲》)

唐人的游侠诗基本上可以分为两种创作模式，一种是以王维《少年行》为代表，一种是以李白《白马篇》为代表。前者的模式首先是"相逢意气为君饮，系马高楼垂柳边"，然后是"偏坐金鞍调白羽，纷纷射杀五单于"，最后是"天子临轩赐侯印，将军佩出明光宫"，勾勒出从狂荡经征战到受赏这样一条轨迹。后者的模式首先是"酒后竞风采，三杯弄宝刀"，然后是"叱咤经百战，匈奴尽奔逃"，最后结局是"羞入原宪室，荒径隐蓬蒿"，勾勒出从狂荡经征战到依旧如故这样一条轨迹。

魏晋南北朝、唐宋的诗篇，唐宋以来的豪侠小说，明清时期的侠义小说，以及宋元话本、元明清戏曲，源远流长的笔记小说等里面都不乏游侠的身影。虽然这些多是文艺作品中的艺术形象，已不像《史记·游侠列传》和《汉书·游侠传》中的游侠那样严肃可靠，却也反映出游侠确实一直存在的历史事实。游侠在历代文艺作品中频频再现，形象高大完美，恐怕也与平民大众的处境和心理需要有关。在专制统治下，社会黑暗，不平冤屈比比皆是，人们尽管可以修炼出适应这种社会的处世哲学，用圆滑老到、精于算计、善于避祸的处世方法来保全自己，但心灵深处的痛苦和不平不能轻易消除。诚如张潮在《幽梦影》中所说："胸中小不平，可以酒消之；世间大不平，非剑不能消之。"基于这种现实压力与心理需要，文学艺术作品中的游侠剑客大多有仗剑行侠、快意恩仇、笑傲江湖、浪迹天涯等特征。虽然他们并不能解决现实中的问题,却能给人一种精神上的慰藉。这些游侠形象实际上是纵横家的变异,是由现实生活向思想文化和文学艺术的游移,说明由纵横家转型而来的游侠既在现实社会中存在,又在思想文化和文学艺术中具有广泛的影响。

游侠的实际存在需要特殊的社会环境,班固认为游侠只能产生于"周室既微"以后,在此之前"上下相顺",便没有游侠产生的土壤和生存的空间。司马迁祖述"战国四君子"为游侠之祖时也有这种认识。汉人荀悦称游侠"生于季世,周、秦之末尤甚焉。上不明,下不正,制度不立,纲纪废弛"(《汉纪》卷十)。游侠从纵横家中游离出来同样是因为特殊的社会环境。汉武帝诛杀主父偃,根本原因是纵横家已不再适应守治的政治需要。游侠从其中游离出来,原因之一是专制统治日益完善、强化,他们再也不能像以前那样穿梭于国君与权贵之间公开游说,以智慧获得权势和财物。这迫使他们不得不由上层转入下层,由公开转入地下,由智谋权术转向仗义行侠。在文学艺术作品中游侠形象愈加高大完美的同时,现实社会中却出现了与游侠有历史联系,但道德品质无法与早期游侠相比较的游惰。

在李白、王维的诗作和唐宋传奇从正面歌颂游侠的时候,社会上出现一部分闲人,原来纵横家以及游侠身上不讲道义、唯利是图、追逐富贵、阿谀权势之风在他们身上恶性膨胀。这些人到明代形成气候，成为不容忽视的社会群体。他们被称为游惰，又称"逸夫""逸民"，明初主要存在于松江、苏州，后来向其他经济较发达地区扩散。他们不是在公门中求生活，阿谀奉承那些吏役皂隶，夤缘害民，就是游荡于市间乡村，不务正业，为非作歹，祸害一方。明中期，城镇中的游惰泛滥成灾，人们又号称其"喇唬""光棍"或"把棍"。到成化、弘治年间，达到极盛，游惰完全沦落为市井无赖之徒。打架斗殴，行凶杀人；横行市肆，强取财物；充当揽头，获取暴利；私设关津，打抢货物；撞骗讹诈，赌博宿娼。由于游惰数量大，作恶多端，对当时的社会政治、文化艺术和社会风俗产生了强烈的冲击，甚至在某种程度上激化了社会矛盾，加快了明王朝衰败的速度。

纵横家经游侠到游惰，是一个曲折的发展过程，必须遵循历史发展的环节，把握其精神实质和特征认真地搜求，才能发现其演进变化的脉络。尽管纵横家、游侠、游惰三者之间有着明显的区别，但历史联系仍然是清楚的。纵横家的文化精神在游侠和游惰的身上有不同形式的体现，前者继承了纵横家文化精神的优秀部分，并有所变化转型；后者继承了纵横家文化精神的消极部分，并在特定的环境下恶性发展。秦汉以来的游侠以及文学艺术作品对游侠的塑造,是纵横家的变异和这种变异在文学艺术中的再现。由游侠再变异而来的明代游惰,与纵横家相比较的确是面目全非,究其原因是纵横家原来固有的消极性在游惰身上被放大了。那些游惰既无文化又无德行,成为纵横家变异、再变异之中最低劣的社会群体。

3. 纵横家的学术转型

在纵横家流变的历史过程中,长短纵横之术也在发展变化,《鬼谷子》从理论上对长短纵横之术作了扼要的总结,《三十六计》则是长短纵横之术的学术转型之作。

(1) 长短纵横之术的理论之作《鬼谷子》

《战国策》作为纵横家的教科书,无疑是研究纵横家及其长短之术的重要著作。然而它并不是唯一的著作。《鬼谷子》亦是与纵横家长短纵横之术有密切关系,对长短纵横之术及纵横家文化流传起重要作用的著作。

司马迁认为,鬼谷先生是纵横家代表人物苏秦、张仪的业师。《史记·苏秦列传》开篇就写道:"苏秦者,东周雒阳人也。东事师于齐,而习之于鬼谷先生。"《史记·张仪列传》开篇也写道:"张仪者,魏人也。始尝与苏秦俱事鬼谷先生,学术,苏秦自以不及张仪。"司马迁之说得到不少学者的认可,西汉末人扬雄、东汉初人王充、东汉后期人应劭等都祖述其说。扬雄在《法言·渊骞》中说："仪、秦学乎鬼谷术而习乎纵横言，安中国者各十余年。"王充在《论衡·答佞》中说："人自有知以诈人，及其说人主，须术以动上，犹上人自有勇威人，及其战斗，须兵法以进众，术则纵横，师则鬼谷也。"应劭在《风俗通义》中说："鬼谷先生，六国时纵横家。"可能是因为鬼谷子为苏秦、张仪之师说在西汉时期广为流传，王充在《论衡》中记载了一个苏秦、张仪坑中说鬼谷先生的故事，综合《论衡·答佞》和《论衡·明雩》的说法，故事梗概如下：

鬼谷先生在向苏秦、张仪传授游说辩术之后，在地上掘了一个大坑，命他们跳入坑中，说：如果你们能在坑中用游说辩论之术把我说得流下眼泪，将来你们一定荣华富贵，享人君之乐。苏秦、张仪摇唇鼓舌，悲说于坑中，说得鬼谷子泪流满面，泣下沾襟。

就现在所能见到的材料而言，从西汉初年到东汉末年，对鬼谷先生为纵横家的开山鼻祖这一观点人们是没大争议的。但是，鬼谷先生的具体情况却殊少言及，致使其扑朔迷离，只能根据有限的资料进行推论。

《鬼谷子·序》说："周时有豪士，隐于鬼谷者，自号鬼谷子，言其自远也。"由此知鬼谷先生是一位不愿透露姓氏名字、出身由来的隐士，以其所居之地为号。由于鬼谷先生守口如瓶，司马迁仅知他曾为苏秦、张仪之师。历代学者为了对鬼谷先生有更多的了解，便集中精力寻找鬼谷先生的隐居地鬼谷。根据有关文献，鬼谷有陕西三原、河南登封、湖南大庸、湖北当阳、陕西韩城、河南淇县等隐居地，这些地方都有关于鬼谷子的传说及遗迹，以至于现代仍无法定论。

由于鬼谷先生的情况扑朔迷离，在历史上又生出了多种说法：

道教的造神者将鬼谷先生纳入了道教的神仙谱系，认为他凝神守一，朴而不露，自轩辕至于商周，在人间生活数百年。

兵家认为，孙膑与庞涓俱学于鬼谷先生，鬼谷把一部无字天书传给孙膑，引起庞涓忌恨，从而引出了一连串动人心魄的历史故事。

其他行业也多有奉鬼谷先生为祖师爷者，相面算命、鞋业、眼镜业等都把鬼谷先生推上祖师爷的宝座。

鬼谷先生在传统文化中的多重角色和他留下的历史足迹，说明在他身上潜藏着丰富的文化内涵。然而认真审视诸家各行与鬼谷先生的关系，只有纵横家与他有直接师承关系，其他诸说多是后来的传说或附会。至于鬼谷先生与纵横家的师承关系，由于资料有限，目前仍需谨慎对待。

（2）纵横家的理论之作《鬼谷子》

《隋书·经籍志》著录纵横家著作两部，一部是皇甫谧注《鬼谷子》三卷，另一部是乐壹注《鬼谷子》三卷。由于《鬼谷子》不见录于《汉书·艺文志》，首次著录于唐时写作的《隋书·经籍志》，不能不让人产生疑问。自此以来《鬼谷子》的真伪、作者和成书的年代等便成为长期讨论的问题。

第一种意见认为，《鬼谷子》绝非伪托之书。力主此说的主要有清儒汪中、阮元，近人俞樾。他们认为，《鬼谷子》中多韵语，合古声训字之意，《汉书·艺文志》未著录其书，是因为刘向校书时《鬼谷子》虽在中秘，因未及时奏录而被遗漏，不能因《七略》和《汉书·艺文志》未著录而视其为伪书。

第二种意见认为，《鬼谷子》实为苏秦所作，亦即《汉书·艺文志》著录的《苏子》。苏秦为了给长短纵横之术披上神秘的外衣，故将其托名于鬼谷先生。力主此说的主要有隋人乐壹、宋人王应麟等。

第三种意见认为，《鬼谷子》系后出之书。力主此说者主要有唐人柳宗元、清乾隆年间《四库全书总目》的编纂者。他们认为，刘向、班固未著录《鬼谷子》，而《隋书·经籍志》却有，应该是魏晋以来的书。

关于《鬼谷子》真伪等问题的考证辩论，至今仍未形成一致的意见，如果没有新资料的发现，近期恐怕难以达成共识。因此，目前只能面对魏晋以来《鬼谷子》的流传与研读者日渐广远的事实，抓住鬼谷先生、《鬼谷子》与纵横家的关系，从历史文化意蕴这个角度来解读它的内涵。

现存《鬼谷子》为三卷十五篇，总计7 900余字，分上卷《捭阖》《反应》《内揵》《抵巇》；中卷《飞箝》《忤合》《揣篇》《摩篇》《权篇》《谋篇》《决篇》《符言》；下卷《本经阴符七术》《持枢》《中经》。中卷《转丸》和《胠乱》亡佚。其内容大致可分为四个方面。

一是游说为谋之术。

①捭阖之术，主要内容在《捭阖》。"捭"，意为打开，"阖"，是合的意思。《鬼谷子》认为"捭阖"为"天地阴阳之道，而说人之法也"。首先，从理论的高度，以阴阳相生来阐释"捭阖"，断定"捭阖"有化育万物，成就天下之大功，是纵横家设计和实施谋略的根本；其次，在游说为谋活动中，"捭"是以巧妙的语言诱使对方先开口，探查虚实。"阖"是在对方滔滔不绝时缄口不言，仔细观察、思考和分析。"捭"与"阖"，根据情况灵活运用。若游说对象身居要位，性情阳刚，应以崇高远大为基调展开游说；若游说对象位居臣下，性情阴柔，应以卑下短浅之说进言制胜。

②反应之术，主要内容在《反应》。本篇在《太平御览》中引作《反复篇》。通观全文，讲的确实都是反复之道，也就是在游说为谋的过程中，对游说对象进行反复的思考与观察，形成对他的深刻认知。反应之术是一种观察方法和思维方式，也是一种权术，游说为谋时要娴熟于"钓言之道"，探求对方心灵深处的秘密。

③内揵之术，主要内容见于《内揵》。《鬼谷子·内揵》说："内者，进说辞。揵者，揵所谋"。强调通过游说进言向君王进献并实现自己的韬略计谋，倘若人君明鉴清醒，纳言不苟，臣下及时上谏，进退有度，君臣之间若情投意合，鱼水难分，游刃有余，"可出可入，可揵可开"。聪明的谋臣应善于把道德、仁义、礼乐等内容和《诗》《书》的经典言辞融合起来，灵活运用，增减由己，详察时势得失，决定进退辞留。

④抵巇之术，主要内容见于《抵巇》。抵，就是抵挡、抵充；巇即隙。抵巇的字面意思就是拾遗补阙，填充裂隙。《鬼谷子》认为，由小到大、由细微到明显是事物发展变化的基本轨迹，大与小、显与微在一定条件下可以转化，因此缝隙的形成也有一个由小到大的过程，若能抓住机遇，及时设法修补，就不会出现大的漏洞。"抵巇之理"有五："可抵而塞，可抵而却，可抵而息，可抵而匿，可抵而得。""抵巇之法"分为二："世可治，则抵而塞之；不可治，则抵

而得之。"

⑤飞箝之术，主要内容见于《飞箝》。"飞"即飞扬，"箝"即钳制。"飞箝"就是运用言辞或利益控制对方，让对方服从自己的意志。飞箝之术强调与人言语交流时注意对人的考察，善于套引真情，对症下药，或用激将法，或用收买术、美人计。不论哪种手段，只要运用得当，"可箝而纵，可箝而横"，"可行而反，可引而覆"。

⑥忤合之术，主要内容见于《忤合》。"忤合"就是以反求合。事物处于不停的变化之中，事物的发展变化又往往存在着正反二重性。因此，把握住事物的变化规律，充分发挥主观能动性，巧用智谋，"反复相求，因事为制"，从曲中见直，直中见曲，利中见不利，不利中见利，就能"成于事而合于计谋"。忤合之术使用得当，"乃可以进，乃可以退，乃可以纵，乃可以横"。

⑦揣摩之术，主要内容见于《揣篇》和《摩篇》。"揣"，意指忖度人情、推测事理，辨别事物发展走向；"摩"，意为研究、观摩，通过反复思考抓住事物本质。揣摩之术是游说为谋的基本法则。其具体方法是察言观色，把握人主的心理，考量时势，根据具体情况，献上人主喜欢的计谋，以达到预期的目的。

⑧量权之术，主要内容见于《权篇》《飞箝》《揣篇》等。"权"，意为权衡、审察。量权之术就是因时、事、势，选

择不同的游说方式。游说要有明确的目的,根据需要采用"佞言""谀言""平言""戚言""静言"等。游说者口、目、耳协调,言语谨慎,眼观六路,耳听八方,扬长避短。力戒"病言""怨言""忧言""怒言""喜言"。努力做到"与智者言,依于博;与拙者言,依于辩;与辩者言,依于要;与贵者言,依于势;与富者言,依于高;与贫者言,依于利;与贱者言,依于谦;与勇者言,依于敢;与过者言,依于锐"。游说者若能熟练掌握量权之术,就可立于不败之地。

⑨为谋之术,主要内容见于《谋篇》。《鬼谷子》在肯定为谋之道是有规律的,规律又是可以认识的大前提之下,指出了为谋原则:首先,根据人禀性的优劣,采用不同的游说方式;其次,保密与奇异是为谋的基本条件;再次,阴道而阳取,使对方在不知不觉之中落入圈套。

⑩决策之术,主要内容见于《决篇》。《鬼谷子》认为,"决情定疑,万事之机"。因此,游说为谋应该借鉴以往的经验,验察将要发生的事情,参照常见的事物,最后做出决断。有五种事情值得谋臣为之决断:"公王大人之事也,危而美名者";"不用费力而易成者";"用力犯勤苦,然不得已而为之者";"去患者";"从福者"。

《鬼谷子》十术,涵盖了长短纵横之术之中的预测、说辩和决策,突出了游说为谋的具体技巧。《鬼谷子》的后半部分,则着重阐述长短纵横之术的修炼和游说为谋所必备的相关素养。

二是纵横家自我修炼的内容与方法。主要见于《鬼谷子·本经阴符七术》。

①盛神法——五龙

盛神法认为，游说之士要像传说中的龙仙一样，谙熟心神强盛之术，修炼培养旺盛的精神和坚强的意志,神、魂、魄、精、志滋养五脏之器，意志、思想、精神、道德四者统一和谐，达到精神旺盛，永不衰竭，坚不可摧。

②养志法——灵龟

此法主要是讲如何像长寿的灵龟那样涵养意志。只有涵养好意志才可以冷静、客观地观察、认识外部世界，沉着处理各种棘手问题。养志的具体办法是安心静意，志向坚定，精力集中。

③实意法——螣蛇

螣蛇是传说中行云布雨的无足飞蛇，屈伸自如，矫健灵动。"计谋者，存亡枢机"，所以，游说为谋者应修炼得像螣蛇那样不断汲取新的养分，充实自身，增强实力，达到游说为谋能屈伸自如，心平气顺，思虑周致的境界。

④分威法——伏熊

游说为谋者要效法熊，先伏而后动，隐藏自己的存在，深藏自己的意向,分散对方威势,暗中涵养精力,加强自己，伺机出击，以己之强击敌之弱，形成自己的威势。

⑤散势法——鸷鸟

散势，就是貌似从容闲适，但实际上是精神高度集中，抓住机遇，像鸷鸟那样猝然而发，一举成功。散势法修炼的要点：一是清静无欲，精力集中，凝成强劲的内力；二是善于观察对方，抓住其薄弱环节，把握一击制胜的机会。

⑥转圆法——猛兽

"转圆者，无穷之计也。"游说为谋者应思若泉涌，捷如猛兽，敏如转珠。辞语计谋要多姿多彩，可有圆略、方略，阴谋、阳谋，吉相、凶相等，同时还应熟知事物转化的规律，做到预知祸福存亡。

⑦损兑法——灵蓍

占卜用的灵蓍草，变化自如，自圆其说。游说为谋者要效法灵蓍，用灵巧的应变之辞来对付事情的突然变化。认识到成败的偶然性，善于吸取他人的长处，以多变的游说之辞与计谋形成巨大的威势。

三是认识事物发展变化的规律。

游说为谋，纵横长短，非天马行空，随心所欲。因此，《鬼谷子》特有《持枢》篇，告诫纵横家们不但要有良好的素质修养和娴熟的游说为谋技巧，而且要认识事物发展变化的规律，掌握事物运行的枢机，亦即"持枢，谓春生、夏长、秋收、冬藏，天之正也，不可干而逆之"。

四是保全自身的方法。

纵横家四方奔走,积极入世,有成功之时、衣锦之人,也有失败之时、落魄之徒。如何在困境中挺身崛起,在厄运中保全自身,《鬼谷子·中经》提出"振穷趋急"之术。

"制人者握权,制于人者失命"是"振穷趋急"之术构建的立足点,强调为人处世,游说为谋,安身立命,关键是要掌握主动权。倘若主动权丧失,被别人控制、支配,事业无成,前途命运莫测。把握命运和事业的成败的"振穷趋急"具体方法主要有以下七种。

① "见形为容,象体为貌"。亦即"观人术",从人的外貌形象推测其性格、秉性,从人的形体动作和肢体语言感受其精神面貌。

② "闻声和音"。即"听声术",从对方的言语口气中预测合作谋事的前景,若"气不和音不调",则无法友善契合。

③ "解仇斗郄"。在争斗中与强者化干戈为玉帛,增强自己的实力;唆使两强者相互争斗,坐食渔利,达到弱者由弱为强,强者由强转弱的目的。

④ "缀去"。"谓缀己之系言,使有余思也。"与"贞信者"交往,倾吐肺腑之言,称赞其行为,砥砺其志向。即使再见分手,也要做到友谊深情和长存。

⑤ "却语"。"察伺短也",留心发现敌手的短处和缺陷,而后指出并为之掩饰短处和缺陷,达到"安其心"的目的。

⑥"摄心"。通过赞美对方的优点、美德,拍其马屁,讨其欢心,从心灵深处使对方折服并取得信任。使用这个方法,要因人而异,"好学伎术者,则为之称远"。酒色之徒,"为之术,音乐动之,以为必死,生日少之忧"。

⑦"守义"。坚守仁义之道,以仁义之道为标准,探测他人的内心世界,为达到"从外制内",制而用之。

在《鬼谷子》一书的权术谋略之中,诡辩逻辑是一根贯穿始终的主线。它用"奇变诡伟"与"饰辩虚辞"的诡辩逻辑,构造出违背事物真实逻辑联系的虚假可能性,进而在变幻不定的外交活动、政治博弈和军事斗争中转危为安,救亡图存,长胜不败。《鬼谷子·符言》说:"循名而为实,安而完。名实相生,反相为情。故曰:'名当则生于实,实生于理,理生于名实之德,德生于和,和生于当。'"根据这个逻辑的理路,观念是名与实相生的基础,精当的观念是产生名与实的根源。因此,长短纵横之术的种种诡辩都是正当的。尽管《鬼谷子》以观念为依据的诡辩逻辑不是真正的辩证法,但其致思方式又往往另辟蹊径,下意识地涉及辩证法的事物普遍联系法则和矛盾对立面在一定条件下相互转化的原理。论辩之道中的"或有不合,必反以难之"的从反面诘难,捭阖之术中的正反论辩,都是可取的致思方式。诡辩是为人们所不齿的方法,可现实中又充满了诡辩,尽管诡辩夸大相对性,否认事物的相对稳定性,过度推崇人的主观能动性，但是其中高超的论辩智谋和技巧，如果掌握适度，有可能转换为振振有词的雄辩。

由于鬼谷先生身世不明，《鬼谷子》的真伪不定，很难确定《鬼谷子》是纵横家奠基之作，还是后人对长短纵横之术的理论总结。但是，从鬼谷先生与苏秦、张仪的师承关系、《鬼谷子》内容与纵横家活动的契合等方面来看，《鬼谷子》与纵横家存在密切关联是毫无疑问的。因此，在认识长短纵横之术的流传与转型时，不能忽视《鬼谷子》的价值。《战国策》中多是纵横家的具体活动，长短纵横之术通过许多具体活动体现出来。而《鬼谷子》不讲具体活动与事例，只是抽象地谈游说为谋之术及其修炼的内容与方法，所以在《鬼谷子》真伪等问题未有定论之前，应把其视为纵横家的理论之作，充分认识它在概括总结长短纵横之术、传播纵横家文化等方面的作用。

（3）《三十六计》长短纵横之术的转型

纵横家在汉武帝时期断绝以后，长短纵横之术作为一种文化现象长期存在。由于纵横家文化具有长期的、多方面的作用，且长短纵横之术具有实用性和独特价值，随着历史背景的变化，在纵横家学派断绝之后，长短纵横之术更多地被运用于政治斗争，政治权术的色彩愈加浓厚，在理论学术上逐渐转型为广为流传的三十六计。有一种传说认为，鬼谷先生把天上、地下和人间的六种数混合相加，根据三十六计罡法，演绎出三十六无敌神招，后人又将三十六无敌神招演化为三十六计。

第一，兵家之形，政治权术之神的《三十六计》。

《三十六计》之名最早见于《南齐书·王敬则传》，该传说："檀公三十六策，走是上计。"此"三十六策"，即三十六计，檀公是指南朝刘宋名臣檀道济。这表明在南朝以前已有"三十六计"之说流行，后来经历代人们的整理充实，到明代形成流行的固定本子。《三十六计》在历史上长期流传，经多人总结、整理而成，所以它的具体作者无法认定。

《三十六计》是以兵家面目出现的，讲的都是兵家的奇诡奸谲之谋，在一定程度上反映了兵家的概貌。然而它的应用范围并不局限于军事领域，更多的则是使用于政治斗争。若就《三十六计》的核心精神和运用的实际情况而言，兵家权谋是《三十六计》的形，政治权术则是《三十六计》的神。政治权术的神之所以要以兵家权谋的形式出现，长短纵横之术之所以要转型，不仅因为政治权术与兵家权谋具有颇多的相通之处，还与汉武帝以来的历史文化背景密切相关。

兵家崇拜谋诈，《孙膑兵法》认为："夫权者，所以聚众也；势者，所以令士必斗也；谋者，所以令敌无备也；

诈者，所以困敌也。"兵家这种对权谋的崇拜丝毫不亚于纵横家的韬略智谋、万事之本的思想基点。兵家权谋重视"知己知彼者，百战不殆"（《孙子兵法》），纵横家以及与纵横家关联的政治权术同样重视洞察隐微，把握时势，因情进说，随机用谋。兵家在进攻敌人时注意出奇制胜，纵横家以及后世的政治权术都非常讲究"韬晦"之术，示弱隐强，声东击西。兵家、纵横家和政治权谋家都深刻理解强弱转化的奥秘，注重运用诡诈手段改变双方的实力对比，使敌方由强变弱，弱者更弱，使己方由弱变强，强而更强。由于兵家权谋与政治权术有许多的相通之处，两者紧密交织，水乳交融，相互借用，相互推演启发。兵家权谋与政治权术的内在联系，使其成为政治权术的最佳借用对象和长短纵横之术传承的载体。

秦汉以来君主专制、皇权至上、宗法血缘关系贯穿于中国古代历史，影响古代政治制度，人们慑于专制统治的淫威，不敢公开议论政治、非议君主及各级当权者，以免因犯上作乱而身遭不测。这是政治权术不能像兵家诡谋和战国纵横家那样公然行谋并进行理论总结的首要原因。

汉武帝独尊儒术以来，儒家学说成为封建的统治思想，在君臣父子等级森严的礼法思想、"三纲五常"等伦理学说的支配下，人们都讳言政治权术，怕言政治权术，可是政治权术又是实际政治生活中所不能缺少的，于是政治权术就成了敢做而不敢言、欲言又不能直言的东西。兵家权谋却没有这些顾忌，很少受道德的约束。这是政治权术借助于兵家权谋的重要原因。

在专制制度的官僚体制中，行政权力包揽一切，决定一切，人治的作用极为明显。人治的特点就是当权者的个人意志决定一切，支配他人，使他人生存于恐惧之中。同样，当权者因为怕失去手中的权力，也处于一种害怕他人的恐惧之中。在这种毫无安全感的恐惧之中，为了立于长胜不败之地，他们不得不设法树立个人威信，标榜品质高尚，在现实活动中不能不使用权术阴谋，学习争斗之术，但是又不能留下善为权术诡计的把柄与名声。这是政治权术必须借助于兵家权谋的又一个原因。

在标榜施行仁政的专制制度环境下，即使最高明的阴谋权术家也不敢公开言勾斗权术，人们逐渐练就一套内方外圆的勾斗权术和处世哲学，外表圆滑而内藏锋芒，貌似憨厚而内心奸诈等成为常人趋利避祸和生存生活的必备手段。

由于以上种种原因，政治家不得不借用兵家权谋的形式，来研究和总结政治权术，最终形成了借助于兵家权谋《三十六计》之形来承载政治权术之魂的特殊情况。

第二，《三十六计》中的政治权术。

《三十六计》分为六套三十六种计谋。

第一套，战胜计。重点是讲虽身处战胜之地，也不能单靠优势取胜，还必须善于使用权术，掌握避实就虚的制胜之术。

第一计：瞒天过海。通过伪装、欺骗的办法避开敌手的加害，达到预期的目的。在政治斗争中主要表现为：常见不疑，聪慧明察；掩饰锋芒，示假隐真等。

第二计：围魏救赵。批亢捣虚，攻击敌手所必救援的目标，诱其救援，乘机制服对方。在政治斗争中主要表现为：分散政敌，削弱其势；避实就虚，择弱而攻；歼其首领，攻其要害；挑敌纷争，伺机制胜；内引外联，削弱其势；攻其必救，择弱而制等。

第三计：借刀杀人。关键是个"借"字，借他人的力量，置敌手于死地。在政治斗争中主要表现为：引诱就范，待其不备而图之；扰其同盟，乘其狐疑而弱之；使其相误，趁其内讧而攻之；以利相诱，挑起内讧；离间首领，使其互斗残杀。

第四计：以逸待劳。以静制动，养精蓄锐，创造条件，等待机遇，一举置敌手于死地。在政治斗争中主要表现为：审时度势，调其就范；借用外力，补己不足，转弱为强；甄别外力，谨防蒙骗；促其疲劳，损敌益己；侦其难弱，制造良机；相机行事，有益必抢。

第五计：趁火打劫。乘人之危，落井下石，就势取利。

在政治斗争中主要表现为：敌有内忧，趁机而发；敌有外患，雪上加霜；制造忧患，乘机制胜。

第六计：声东击西。制造假象，迷惑对方，因势用计，攻其不备。在政治斗争中主要表现为：峰回路转，迂回制胜；运筹帷幄，奇谋异策；大智若愚，出于突然；寻机乘势，佯静而阴攻。

第二套，敌战计。强调以虚掩实，以假掩真，出其不意，一举取胜。在政治斗争中主要表现为：制造种种假象，编制各种理由，掩盖真实意图，等到时机成熟的时候，突然行动，一招置敌于死地。

第七计：无中生有。凭空捏造，将无说有，以有说无，栽赃陷害。在政治斗争中主要表现为：凭空生事，捏造事实；似是而非，以似陷罪；造假制赃，嫁罪得胜。

第八计：暗度陈仓。制造假象，迷蒙敌手，转移斗争视线，暗中另设一套方策，待准备完毕，突发制胜。在政治斗争中主要表现为：佯攻示假，创制胜之计；始如处子静女，发若猛虎添翼。

第九计：隔岸观火。坐山观虎斗，静候敌手在与他人的斗争中不断消耗，等待时机，从中渔利。在政治斗争中主要表现为：静观其变，得鹬蚌相争之利；借力助火，促其火并；螳螂捕蝉，黄雀在后。

第十计：笑里藏刀。表面和蔼可亲，内心阴险狡猾，暗藏杀机,谈笑之中痛下杀手。在政治斗争中主要表现为:甜言蜜语,腹中铸剑;阳奉阴违,笑脸逢迎,辞卑恭敬,暗藏野心;两面三刀,长于变色。

第十一计:李代桃僵。以小换大,丢卒保车,以局部损失换取全局胜利。在政治斗争中主要表现为:推祸罪死,平息事态;舍乙救甲,谋求平衡;归罪臣下,寻羊替罪;抛眼前锱铢小利,弃小救大,保证全局。

第十二计:顺手牵羊。在取得关键胜利成果时,乘机向敌手薄弱处拓展,扩大战果,积小胜为大胜,由局部向全面胜利扩张。在政治斗争中主要表现为:明察敌情,伺隙捣虚;审时度势,顺手扩隙;捕机制敌,见利不失;遇时不疑,乘胜追击。

第三套,攻战计。突出的是在殊死搏杀中的获胜战略、战术和技巧。

第十三计:打草惊蛇。用佯攻、伪饰、巧欺等手段,刺激敌手,使其在惊恐不安中暴露意图,制定出针对性很强的方略,攻其不备。在政治斗争中主要表现为:静观其变,察情伺机而动;驱甲赶乙,触此惊彼,后发制胜。

第十四计:借尸还魂。拉大旗,作虎皮,利用一切可利用的力量或其他因素来实现自己的目的。在政治斗争中主要表现为:在尸死未僵的时候,静候待借;在魂魄蓄积未举之时,创造条件,伺机行动。

第十五计：调虎离山。诱使敌手脱离有利的环境，失去天时、地利与人和，使其由强而弱，进而置其于死地。在政治斗争中主要表现为：诱之以利，挑其欲动，借机消减其优势，避其锋芒；明辨其优劣利害，占据优势而制服驾驭。

第十六计：欲擒故纵。采用迂回的手段，纵容和诱使敌手做出错误决策，向错误的方向发展，使其在错误中自耗，最终收到轻易取胜的奇效。在政治斗争中主要表现为：观其放纵任性，纵其随心所欲，待其自懈、自疲、自耗、自弱之后，兵不血刃。

第十七计：抛砖引玉。运用彼此相类似的事物、手段、方法去迷惑、引诱敌手懵懂上当。在政治斗争中主要表现为：施以小恩小惠，引出大利大收获；佯动厚予，以小博大，以小易大。

第十八计：擒贼擒王。捣毁敌手主要力量，抓住敌人的首领，进而加速其整体瓦解。在政治斗争中主要表现为：洞观其势，察其王主，抓住问题的核心；先发制人，出奇制胜，佯翼捣心，擒首使其自溃，分割残余势力，坐等全盘败输。

第四套，混战计。敌对双方斗争态势处于杂乱状态时，乱中巧施计谋，设法取胜。在政治斗争中主要表现为：刻意制造混乱，扰乱视听和判断，陷溺敌手于迷茫错觉之中，然后混乱中夺取胜利。

第十九计：釜底抽薪。在敌对双方对垒之时，不直接迎击敌手的锋芒，而是使用各种方式，去其火势，从根本上瓦解敌手的战斗力。在政治斗争中主要表现为：暗设机关，铲除政敌亲信；攻其要害，迷乱其心志；明察形势，抓住要害，赏敌仇怨，瓦解其军心，销蚀其斗志。

第二十计：浑水摸鱼。在混乱的局面中，采取行动，迷惑敌人，以假乱真，乱中取胜。在政治斗争中主要表现为：制造混乱，迷乱政敌；制造乱局，搅局得利；借其疑忌不决，设疑局巧妙获胜。

第二十一计：金蝉脱壳。保持原来形式，稳住敌手，在对方迷惑不解时，隐蔽地脱离困境。在政治斗争中主要表现为：未雨绸缪，预设脱身之策；分析利害形势，巧计脱险；知止知足，急流勇退；装痴弄傻，委曲求全。

第二十二计：关门捉贼。动用一切力量，置敌手于重围之中，断其归路，寻求时机，一举歼灭。在政治斗争中主要表现为：精于算计，及时关门，瓮中捉鳖，斩草除根。

第二十三计：远交近攻。结交远方的盟友，攻击近身的目标，消灭威胁最大、最迫切的敌人。在政治斗争中主要表现为：深谋远虑，各个击破；扬长避短，合理避祸；先后有序，分化瓦解，打拉并用。

第二十四计：假道伐虢。争取同盟，利用同盟，扩大势力,伺机吞并敌手。在政治斗争中主要表现为:乘人之危,拉拢中间势力;利用矛盾,拉一派打一派。

第五套,并战计。在与敌人斗争时,谨防盟友变化,尽管盟友与己同仇敌忾,共同作战,但只要条件允许,时机成熟,就应该突然吞并或消灭盟友,防止其转变为将来的劲敌。

第二十五计:偷梁换柱。频繁调整盟友的组合,借变动之机暗中更换其劲旅,在盟友失败之局形成的时候迅速将其吞并。在政治斗争中主要表现为:设计变换依赖的政治力量,削弱对手实力;暗中运筹,以假代真,以假乱真,蒙混过关;巧立名目,实施乱谋;里应外合,偷运私货。

第二十六计:指桑骂槐。统领不甚服从的势力去对敌斗争,如果对其直接调动,会不予理睬;如果用利益直接引诱,会引起疑心。最好的办法是寻找事端,责备过失,杀鸡儆猴,使其畏惧、敬服、听从调遣。在政治斗争中主要表现为:杀鸡给猴看,杀一儆百,敲山震虎;不徇私情,不避权贵,施奇谋妙计;巧借他事,制造口实,旁敲侧击,缜密谋事。

第二十七计:假痴不癫。佯装不知,冷静沉着,不露声色,不泄机密,暗中策划,伺机而动。在政治斗争中主要表现为:装疯卖傻,迷惑敌手;无病呻吟,装病示弱;以假隐真,假戏真做;忍辱负重,以屈求伸。

第二十八计：上屋抽梯。假之以便而陷敌手死地，故意暴露破绽、弱点，给敌手提供有利的条件，诱敌深入，然后切断策应，绝其救援，使其陷入绝境而胜之。在政治斗争中主要表现为：以小利诱惑大敌，陷溺政敌于泥潭而一举歼灭；过河拆桥，过桥抽板，卸磨杀驴。

第二十九计：树上开花。巧布迷魂阵，虚张声势，力量虽小，气势宏大，以宏大的气势震慑敌人。在政治斗争中主要表现为：借故造势，设局布势，顺势借力，化虚为实。

第三十计：反客为主。乘机插足，循序渐进，逐渐改变卑弱、被动地位，最终占据斗争的制高点，获得主动权。在政治斗争中主要表现为：表面柔顺，暗怀机谋，抓住机遇，趁隙而入；步步为营，稳扎稳打，先声制人，抢占先机；绵里藏针，刚柔并济，蓄势待发。

第六套，败战计。核心是置之死地而后生，战败之后而摆脱困境，东山再起。

第三十一计：美人计。面对强大的敌手，采用不正当的手法，用美女蚀其心，弱其志，耗其锐精，散其神志，使其在难于自拔的声色之中丧失斗志，失去战斗能力。在政治斗争中主要表现为：献美伐情，以美贿臣，舍美愚敌，顺势求存，保实再生。

第三十二计：空城计。确实没有设防和没有防备力量，却要故意显露出不设防的迹象，使本来疑窦丛生的敌手疑上加疑，畏缩不前，因此而化险为夷。在政治斗争中主要表现为：设置政治圈套，请君入瓮；实胆虚势，以迷迫疑；示虚掩实，威加以惧，反败为胜。

第三十三计：反间计。收买敌人营垒内部奸细，散布谣言，瓦解军心，挑拨内斗，里应外合，克敌制胜。在政治斗争中主要表现为：厚赂与政敌阵营有微小隔阂的人，假示为我重用，佯忽隐间，虚实兼用，挑拨是非，离心离德。

第三十四计：苦肉计。根据人们一般不会自我伤害的正常逻辑，通过自我伤害，真真假假，假假真真，蒙蔽敌手，取得同情信任来施行某种计谋。在政治斗争中主要表现为：自害自伤，示伪瘠敌，博取信任赏识，授柄待变，转败为胜。

第三十五计：连环计。面对复杂多变的局势，百计迭出，环环相扣，使敌手防不胜防，自我钳制，自相倾轧，自我消耗，丧失气势，最后乘机取胜。在政治斗争中主要表现为：引发矛盾，环环相扣，步步紧逼，暗中操控，待其危若累卵之时而攻之；设连环机巧，连连推波助澜，步步为营，分而治之。

第三十六计：走为上。避开强敌，保全自己，寻机待变。为最后的胜利，主动退却。在政治斗争中主要表现为：忍辱负重，保全自身，寻机待变；出走避祸，规避祸患，出其不意，东山再起。

《三十六计》中的政治权术在政治斗争中的运用因不

同的背景而表现出不同的形式,并从中衍化出许许多多的计谋权术。所有这些计谋权术,经常被运用于政治斗争的各个范畴和不同层面,如君臣之间、臣僚之间、政治集团之间、国与国之间、中央与地方之间等等。在中国几千年的历史长河中,毫不费力就能找到不计其数的运用"三十六计"的实例,更有不少善于使用者把这些计谋运用得出神入化,生动鲜活。

第三,《三十六计》与长短纵横之术。

虽然《三十六计》最终完全形成得较晚,与战国、秦汉之际纵横家的长短纵横之术尚有时间差距。但是文化的传播能够巧妙地超越时空限制,在无声无形中进行,通过改头换面、转变形式而长期流传,纵横家文化的传播也毫不例外。《三十六计》有一个很长的发育过程,这个过程的源头可以追溯到战国甚至更早。《三十六计》对长短纵横之术的继承与发展从表面上看似乎不那么清晰,却有骨子里的联系。两者不仅在精神实质上有明显的相同之处,而且在具体计谋和哲学依据上也有众多的契合点。

《三十六计》是经过长期流传和后人不断整理而形成的,凝聚了中国古代的智慧计谋,其基本前提是计谋至上。《三十六计·总说》首先强调了权术计谋的重要性,指出计谋是在现实基础上生成的,计谋权术无法完全取代客观现实,但是可以在充分认识客观现实的基础上,依客观规律而施谋用术。《三十六计·总说》的这种精神与纵横家崇尚计谋,"计者,事之本也"的思想如出一辙。纵横家的长短纵横之术和《三十六计》都是在计谋权术至上的基点上展开令人眼花缭乱的智谋权术。

《三十六计》把计谋权术概括为三十六种,是对中国古代各种计谋权术规律性的总结,它所依据的既有历代的谋略权术实践,又有战国、秦汉之际纵横家谋人、谋事、谋治的影响。这种情况在《三十六计》中,计计都有。

以假象迷蒙敌手的"瞒天过海",与长短纵横之术的"谨守秘密,含而不露"有相同的性质。

围点打援的"围魏救赵",与范雎制服魏国的手段相近。

"借刀杀人"实际上是纵横家常说的鹬蚌相争、狗兔相逐。

创造条件,等待机遇的"以逸待劳"与纵横家的"创造局面,力争主动"的为谋原则完全一致。

乘人之危的"趁火打劫",在燕齐两国之间曾相互使用,燕乘齐湣王昏暴虐民而下齐七十余城,齐趁燕王哙禅让燕相子之的内乱轻易胜燕。

制造假象,攻其不备的"声东击西",与纵横家的欺诈之术趣味相类。

凭空捏造的"无中生有",就是纵横家的妖言惑众,无中生有。

转移敌手斗争视线的"暗度陈仓",田单对其的运用已达到了炉火纯青的程度,他一方面诈言将降,另一方面准备反攻,最终杀骑劫,复齐国。

坐山观虎斗的"隔岸观火",与纵横家张仪说的秦、楚两虎相斗,而韩、魏后而制之的情况完全契合。

口蜜腹剑的"笑里藏刀",实际上就是纵横家为谋之时不显于色、不露于声的"变态"。

丢卒保车的"李代桃僵",和纵横家经常主张的以土地换和平、以土地求合纵并无二致。

向敌手薄弱环节发展,不断扩大战果的"顺手牵羊",实质上是秦国在张仪、范雎等人主持下对他国蚕食政策的发展。

旨在窥测对方真实意图的"打草惊蛇",与齐薛公献美珥探知齐王欲立之夫人、楚昭鱼献美珥探知楚王欲立夫人之计神貌俱似。

拉大旗,作虎皮,借无用而有为的"借尸还魂",在纵横家的谋略中体现为善比喻和长于寓言的逻辑方法。

诱使或迫使敌手脱离有利环境的"调虎离山",是陈平灭诸吕,使刘氏重握朝廷大权的关键权术。

韩、赵、魏三家骄纵智瑶而把智氏引向死路的计谋,事实上就是《三十六计》中的"欲擒故纵"。

引诱敌手的"抛砖引玉",和战国纵横家游说活动中的"洞察隐微"在精神实质上完全相通。

抓住事物关键的"擒贼擒王",是战国纵横家善于把握时机,抓住事物主要矛盾的精辟概括。

从根本上瓦解敌手战斗力的"釜底抽薪",是纵横家游说论辩施谋的常用方法之一,张丑抓住燕边境官吏愚笨和怕死的心态,用釜底抽薪之术说服他,最终得以死里逃生。

乱中取胜的"浑水摸鱼",在纵横家的活动中屡见不鲜。张仪初到楚国备受冷落,以到中原为楚王寻美女为借口骗了珠宝,并引起南后的妒火。南后怕因此而失宠,赶快给张仪送黄金。张仪在楚王与后宫之间制造混乱,捞取重金,实是浑水摸鱼的高手。

用隐蔽方式脱离困境的"金蝉脱壳",也曾是张仪的救命之术。秦惠王死,秦武王立,张仪陷入困境。诡计多端的张仪以自己入魏将引起东方混战为借口,堂而皇之地摆脱了困境。

置敌于重围之中的"关门捉贼",是战国纵横家时常提防的事情,稍有不慎,即会遭害。战国四君子之一春申君,因上李园关门捉贼之当而被满门抄斩。

"远交近攻"与纵横家不只是有联系的问题,该计本身就是范雎为秦国贡献的统一谋略。

争取利用同盟的"假道伐虢",是战国纵横家熟知的计谋,纵横家的"迂回借力,取利得逞"就是假道伐虢的另一种形式。

在变动中形成有利局势的"偷梁换柱",是秦国用赵国除去廉颇,易将赵括,获长平之胜的关键计谋。

旨在敲山震虎的"指桑骂槐",赵奢早年做征收田赋的小吏时就曾使用过。平原君赵胜的管家仗势拒交赋税,赵奢果断地抓了平原君的九个管家,并以迅雷不及掩耳之势把他们斩首。此举不仅使平原君带头纳税,而且还使赵国豪门再也不敢从中作梗。

静不露机,大智若愚的"假痴不癫",是一个古老的计谋,商纣的太师箕子是文献记载中第一个使用这个计谋的人,战国纵横家更是熟用此计。苏秦明知无神鬼,却要佯装鬼言,以鬼事说孟尝君,以鬼言说李兑,这种做法带有假痴不癫的意味。

"上屋抽梯"的核心是假以便利的条件,陷敌手于死地,这种权术在战国纵横家手中是一种使用娴熟的计谋。张仪为了拆散齐楚联盟,许诺割给楚商於之地六百里,待齐楚关系恶化到一定程度时,便矢口否认割六百里地之事,把楚国诱入左右为难的境地。

巧布迷惑阵,虚张声势的"树上开花",曾被张良使用。在太子刘盈地位岌岌可危之时,张良请"商山四皓"下山,证明太子刘盈的威望之高,使刘盈的太子地位由危险转为稳固安全。

"反客为主"之计的关键是创造、争取主动，这与纵横家的创造局面，力争主动的为谋原则完全一致。

伐情消志的"美人计"，是纵横家擅长的计谋，韩国以美女献秦，陈平以"美人计"释白登之围等都是成功典范。

虚虚实实，出奇克敌的"空城计"，名称出于《三国演义》，但其精神实质在纵横家的活动中早有体现。在楚汉相持的关键时刻，韩信求封自己为假齐王，刘邦破口大骂，机警的张良及时提醒刘邦。刘邦便将计就计，公开封韩信齐王头衔。这种以空揽实，以公开的赏赐迷惑政治异己的举措在精神实质上与"空城计"确有异曲同工之趣。

收买奸细，散布谣言，挑起内讧的"反间计"，是战国纵横家信手拈来的计谋权术，苏秦、张仪以诈伪经营天下，田单用欺诈反间之术复齐等都是"反间计"的具体应用。

自我伤害，制造假象的"苦肉计"，曾为张仪所用。张仪为了出任魏相国，进行更有效的连横，便使用"苦肉计"让秦惠王借口罢相，为其出任魏相创造有利的条件。

百计迭出，环环相扣的"连环计"与中山司马熹制政敌阴简的"三导三引"之法完全一致。

避开强敌，保全自己的"走为上"之计，在战国纵横家的实践中比比皆是，不胜枚举。纵横家四处游说献策，合则留，不合则走，另谋高就，是"走为上"之计的表现之一；功成名就，急流勇退，是"走为上"之计的又一表现形式。

《三十六计》不仅在每条计谋上都与纵横家的长短纵横之术相合，而且其哲学依据也都是一个"变"字。认为事物是可以认识的，规律是能够利用的，通过人的主观努力能够转祸为福，转败为胜。这一点是《三十六计》与长短纵横之术两者之间更深刻的契合之处。

《三十六计》与长短纵横之术相合之处甚多，表明两者之间有密切的关系。这种关系不是简单直接的继承、沿袭，而是精神实质、思想文化上的联系，再加上长短纵横之术随着时代的发展自身也在产生变化，衍生出派生形态，所以两者的联系是复杂的。当然，《三十六计》集中了中国古代的智慧计谋，总结吸收了诸家的有关成果和历代实际政治斗争的经验教训，比长短纵横之术更系统、更精致，但从其精神实质和文化精神来看，其确实是长短纵横之术的学术转型。

战国以后，纵横家的流变是一个复杂的过程，其中有从秦汉之际纵横家到游侠的演变，也有从中衍生出的怪胎游惰，还有《鬼谷子》的理论总结，兵家之形、政治权术之神的《三十六计》。在纵横家流变的过程中，纵横家文化也在不断地散播，在更深层面上融入中国传统文化的母体。

五 纵横家文化的承传

从表面上看,纵横家文化受儒家文化和其他文化的挤压而未得到弘扬光大,在义利之辩中遭人蔑视,但从深层次看,情况却迥然不同。纵横家文化不只是崇尚计谋的长短纵横之术,而且是一种文化精神,这种文化精神外化为长短纵横之术以及由此转型而来的政治权术,内凝为强烈的实用理性精神。因此,纵横家文化对秦汉以来中国古代文化的影响及作用,可以分为两种类型:第一种类型是直观的影响,纵横家的长短纵横之术被人称道,纵横家的谋略权术为人所仿效,纵横家崇拜智谋权术的观点受人青睐;第二种类型是实质性的深层次作用,即强烈的实用理性精神对各家思想文化学说、国家政权、国民处世哲学的渗透与影响。

中国传统文化是内涵丰富的文化,但是因为有着共同的生长土壤和发展的环境，各种学说、各家学派和各种思想文化之间的渗透、兼容、吸收乃至直接授引在所难免，深层次上的相通属于正常现象。尽管汉武帝以后的纵横家没有产生类似于董仲舒、"二程"、朱熹等的大思想家，但其影响与作用却不能忽视。专务权术的谋略家层出不穷，帝王的治国方略与权术一代比一代发达，儒、道、释等学说谋略化倾向明显，芸芸众生的实用理性精神日益强化等等，无不有纵横家文化或大或小的作用。

1. 专制制度与纵横家文化

专制制度在中国历史上延续了2 000余年，中间历经兴盛衰亡、改朝换代乃至农民起义的沉重打击，但是君主专制不仅没有因此而止，反而愈益严密完善。在专制制度的长期运作过程中，专制君主及统治集团从来没有公开宣称重用长短纵横之术，纵横家文化及其所蕴含的丰富内容和精神实质却在无声中与其同行。中国古代专制制度对纵横家文化的依赖，在总体精神上表现为帝王及其官僚都以冷静、理智和现实的态度来处理政务，统辖万民；在具体运作过程中体现为智谋韬略、权术阴谋，其中有治国平天下的宏韬伟略，还有具体到某事某人的权谋计策，更有官场斗争中的政治权术。所有这些实际上是纵横家长短纵横之术在新的历史条件下的变形及具体运用。

（1）专制制度的结构特点与长短纵横之术

中国古代政权进入相对稳固的阶段后，似乎看起来与长短纵横之术绝缘了。事实却不然，专制制度自身的特殊结构与统治内容，决定了它对纵横家文化在新层面的依赖，并促使长短纵横之术向政治权术发展。

秦汉以来，中国古代的中央集权专制制度在结构上主要有两个特点：

一是"天下事无大小皆决于上"。

皇帝拥有至高无上的权威和绝对的权力，这不仅仅是一种名分，而且是一种现实的政治生态。在行政上，从中央到地方各级政府，政务的最高决定权全部集中在皇帝手中，他掌握着所有事务的最高话语权。在财政经济上，"普天之下，莫非王土"，皇帝不仅在理论上是全国的最高土地所有者，而且还视天下之财皆为其府库之物。在司法方面，有时皇帝的意志就是法律。在军事上，皇帝有最高的指挥权。在人事安排上，皇帝掌握着最高任免权。总而言之，皇帝拥有独一无二的名分和至高无上的权力。

二是庞大的国家机器仅是皇帝的办事机构。

皇帝的权力至高无上，他雄视一切，却不能具体操办一切。因此，一个以皇权为中心、无条件对皇帝负责的办事机构十分必要。自秦汉时期开始，从中央到地方的庞大统治机构不断地健全完善。从秦朝的三公九卿、郡县制到隋唐的三省六部，基本结构都是通过郡县之类的地方机构集权于中央，又通过丞相之类的中央官僚集权于皇帝，形成一个服从于皇帝的统治机器。对皇帝来说，各级官僚仅是其办事的工具，庞大的国家机器可由他任意操纵。

由专制制度结构的两个特点决定，各级官僚是专制统治系统中不可缺少的工具，同时又是一定权力的拥有者，特别是对下级和一般平民，他们的权力很大。对于官僚，国君既离不了他们，又怕他们的权力过度膨胀。没有他们，国家机器不能正常运转，他们的权力过大又容易威胁到君权。所以，国君对他们只能采取驱使加防范的办法。对于官僚来说，处于绝对皇权之下也是需要认真对付的。常言道"伴君如伴虎"，皇权无限，不受制约，臣下官僚的升迁废黜乃至身家性命都掌握在皇帝手中，如何不断晋升并长期受到重用，是他们一直思索并需要小心对待的问题。君臣之间的这种利害关系，决定了君臣之间必然存在着权谋斗争。由于这种斗争发生在上层，常常会影响到国家的政治、经济、军事等，所以格外引人注目。

中国古代的专制制度是一种严密且覆盖面极大的制度。就其统治的内容而言，说其无所不包一点都不过头，人身、土地、工商、文化等无不在其统治之下。每个人的谋生手段、人生道路、发展方式、物质生活、文化生活等等，都受到政治权力的强烈干预。中国古代的专制制度之所以会有这样大的威力，首先是实现了对人身的支配。人是会劳动、能思维的高级动物，并且数量众多，阶级、阶层不一，素质高低不同。要想把他们全部牢固地控制起来，决非轻而易举。专制政权为了牢固地控制形形色色的人，不但建立了严格的惩罚制度，而且还进行教化，认真研究、积极实践控制人身的对策。对人身的控制需要权术，被控制的人们也被逼迫出了应对办法。他们为了生存，为了不被无辜吞噬，为了勉强地像个人那样活着，不得不认真思考和小心对付，经过多年的积累和凝练，形成了娴熟的勾斗权术和保身处世哲学，这实质上也是一种智谋。

中国古代专制制度的结构特点和统治内容导致它对政治权术的依赖，而它的权术运用又迫使官僚和平民采取相应的对策。在绝对皇权和冷峻统治面前，官僚和平民不得不以谋对之、以权应之。因此，在多种目的不一，甚至是相反的智谋权术的交锋之中，形成了吸收和运用纵横家文化的氛围，促进了对长短纵横之术的深层次运用。长短纵横之术悄然转化为官场中的勾斗权术、平民生活中的处世智谋。

（2）专制政权对谋略权术的运用

纵观中国古代历代王朝的建立过程，可以看到，每个王朝的建立都是在血与火的拼杀中用刀剑砍出来的，过程中充满了险恶与血腥，其中有军事力量的拼搏，也有智慧的较量，高超的智谋权术不仅能弥补军事力量的不足，而且总能在关键时刻转败为胜。以汉、唐为例。

在秦末农民大起义的浪潮中，原沛县亭长刘邦和部分刑徒袭击沛令起事，后来经过曲折的变化，由秦末农民大起义演变为项羽、刘邦两大集团之间的楚汉之争。就双方的军事实力而言，项羽在刘邦之上，刘、项间大战、小战不断，刘邦屡战屡败，曾多次身受重伤。但最后垓下一战，刘邦大获全胜。刘胜项败的原因是多方面的，但刘邦长于计谋、工于心计，项羽刚愎自用、恃仗武勇，恐怕是直接原因之一。刘邦长于计谋主要体现为善于用人之长与用人之谋。张良是旧贵族，陈平是游士，樊哙是狗屠，周勃是吹鼓手，灌婴是布贩，娄敬是车夫，韩信是市井无赖，彭越是强盗，他们都被刘邦安排到合适的位置上，各扬其长，各尽其能。其中谋臣张良、陈平献计最多，作用最大，是刘邦的重要佐助。对于这些人的计谋，刘邦多能虚心接纳。韩信夺得齐地之后，派使者见刘邦，请求做假齐王。身处困境的刘邦骂道，我被项羽围困，日夜盼你来救援，原来你想自立为王。谋士张良、陈平知道这个时候不能得罪拥有重兵的韩信，便暗中踢刘邦的脚提醒他，机警的刘邦马上领悟到他们的意思，遂改口骂道，大丈夫功勋卓著就做真王,做假王有什么意思。马上派张良去封韩信为齐王,稳住了韩信。一次,刘邦在阵上大骂项羽时被射中胸口,他不去捂胸却去摸脚,嘴里还说,恶奴射伤我的脚趾。此举不算是大的计谋权术,却防止了士兵的溃散。刘邦机智善谋,抓住项羽有勇无谋的弱点,斗智不斗勇,战胜项羽,建立了西汉王朝。

隋炀帝的残暴统治引发了隋末农民大起义。太原留守李渊次子李世民见时机已到,劝说李渊起兵反隋。在反隋和消灭割据的战争中,李世民设计的战略起了重要作用。617年,李渊听李世民计谋,起兵进攻长安,具体部署是:利用关中隋兵出援东部,李密又不敢乘虚入关这个机会,率兵入关;李渊与突厥始毕可汗讲和,免除入关的后顾之忧;开仓济贫民,取得民众同情;李渊率左右两军,一路由长子李建成率领占据永丰仓,扼守潼关防东方军队入关,一路由李世民率领经略渭北,攻夺长安。李世民的这个战略设计集军事、外交、民心和后勤保障于一体,一举攻入长安,成为盛唐大业的良好开端。进入长安后,按照预定计划,遥尊隋炀帝为太上皇,立西都留守代王杨侑为隋恭帝,这个做法既避免隋炀帝旧部的讨伐,又可用恭帝名义招降隋官,壮大自身力量。紧接着,宣布废除隋一切苛禁,与关中民众约法21条,关中民众归附李渊,唐政权取得了牢固的基础。618年,隋炀帝死,李渊顺水推舟废掉隋恭帝，自立为皇帝，正式建立大唐政权。在唐朝的建立过程中，李世民的谋略设计使他们以很小的代价取得最丰厚的收获，在群雄纷争不已之中取得了主动权，为随后的统一和唐朝的鼎盛准备了充分的条件。

王朝的建立需智谋，新政权的巩固同样是如此。在这个巩固过程中更需要过人的智谋权术。以北宋为例。

960年，赵匡胤陈桥兵变，黄袍加身，建立了北宋王朝。赵匡胤之所以能不费多大周折就夺取后周的政权，是因为他身为后周的殿前都点检，掌握着后周的最高军事权力。他本人深知军队的重要性和军事权力的利害关系。他即位以后，一方面不断扩大军队的数量，一方面又为牢牢掌握最高军事权力而谋划新的布局。他在禁军人事安排、组织编制和部署等方面做重大调整的同时，筹划剥夺那些曾帮助他夺取政权的主要禁军将领手中兵权的计谋。961年的一天晚上，他设宴招待禁军主要将领石守信、王审琦、高怀德等人。趁酒酣耳热之时，赵匡胤向他们倾诉了苦衷，赵匡胤深情地说：我之所以能有今天，全靠你们的支持，真是不胜感激。但是做皇帝有做皇帝的难处，整夜忧愁得睡不着觉。石守信等人忙问其中的原因。赵匡胤说：这也是情理中的事情，皇帝谁不想做做呢？石守信等人辩解他们从无异心，但赵匡胤说，你们谁也没有篡逆之心，可如果有一天你们的部下因为贪图富贵，像你们当初把黄袍强加到我身上一样，也给你们中的谁穿上黄袍，到那时候，不想做皇帝也由不得你了。这一席话说得婉转真切，言简意赅，石守信等人完全明白了赵匡胤倾诉苦衷的真正用意，他们又是叩头，又是涕泣，求赵匡胤明示"可生之途"。赵匡胤见火候已到，便向他们摊牌：人生如白驹过隙，应多积钱财，及时行乐，子孙也免受贫寒之苦。你们交出兵权，置买良田美宅、歌儿舞女，饮酒作乐，安度晚年。如此，君臣无猜，相安无事，各得其所。石守信等人诚惶诚恐，再谢皇上的"生死而肉骨"之恩。第二天，这几个人都"称疾"辞职。赵匡胤则赏赐给他们大量钱财，并结为儿女亲家。

宋太祖赵匡胤的"杯酒释兵权"，目的是集中兵权，使用的方法实质上是经济赎买，或曰权钱交换，他的这种做法既不会因政治斗争而发生意外的动荡，又不会直接刺伤双方的感情，把本来应该是冷酷无情的事情变得温情脉脉。若与刘邦"狡兔死，走狗烹，飞鸟尽，良弓藏"之策，斩杀臧荼、韩信、陈豨、卢绾、彭越、黥布之谋相比较，宋太祖赵匡胤的做法可谓大智大谋。

中国古代专制政权的建立与巩固是一个充满激烈斗争的复杂过程，这个过程需要智谋，因此，也造就了人才，砥砺了智慧，滋生了权术，也为长短纵横之术的重新展示画出了新的起跑线。以汉武帝为例。

汉武帝"罢黜百家，独尊儒术"，完成了西汉统治思想的转换，也是从攻取之谋到守治之谋的转型，这既是汉武帝雄才大略的展现，又是帝王政治权术实践的典型。西汉王朝建立以后，探寻强秦暴亡的原因成为国君与辅臣思考的热点。他们认为秦在统一中国之后仍实行长于进取和严苛治民的法家之道是灭亡的根本原因，于是实行黄老政治，无为而治，与民休息。行黄老政治70余年，西汉的政治、经济都发生了重大的变化。政治上，自汉景帝平定吴楚七国之乱后，中央集权统治进一步加强；经济上，家给民足，府库充盈。但是过于松散的黄老政治对于更高层次的守治来说不是那么得力。在这种背景下，汉武帝三次下诏策问董仲舒治道之基，目的是要为帝国皇权寻找理论依据，为确保自身统治的稳固寻求新的安邦治国之道。认真听完董仲舒的阐述后，汉武帝果断决策独尊儒术。

董仲舒的学说有什么样的魅力竟使汉武帝折服？董仲舒在吸收先秦各家思想的基础上，对传统儒学进行了改造，形成以儒学为主干，融合各家学说有用成分的思想体系。

第一，他系统阐发的"大一统"是实际意义很强的专制主义理论，在政治上要求实现绝对的君主专制统治，臣下以一为原则效忠于君主。在思想文化领域，"罢黜百家，独尊儒术"，用专制主义的统治权力统一人们的思想、意志和言论。

第二，继承孟子学派的"天人合一"思想，从中生发出君权神授理论，从根本上适应了西汉中期加强中央集权、巩固君主专制制度的现实需要。

第三，继承"五德终始说"的思想方法，提出历史循环论。一方面是王统循环，即历史以王为单位的循环；另一方面是文质循环，即用文和质来概括某一时代的政治特点，历史将永远在文质之间循环转换。这种历史循环论突出了"天不变，道亦不变"，历史在循环往复过程中不会发生质的变化，因此治国之道在于师古。历史循环论为汉王朝的出现寻找到了无可辩驳的理论根据：汉王朝的建立与鼎盛，是历史循环的产物，非人力所能逆转。

第四，在对先秦儒家的人伦关系准则进行系统梳理和修正的基础上，提出了以"三纲五常"为核心的伦理学说。"君为臣纲，父为子纲，夫为妻纲"，用一方无条件地依附于另一方的逻辑去规定人类社会的三大关系，这是以极端专制主义为特征的伦理学说。仁、义、礼、智、信是处理人伦关系必须遵守的五项准则，践行"五常"是统治者永保天命的根本保证。

第五，重教化、正法度的德治主张。董仲舒的德治主张包括教化和刑罚，教化用于矫正民众的本性，引导民众本性向善，防民犯罪于未然。刑罚法度用于稳定等级制度，维护专制统治，安定社会秩序。德治集教化和刑罚于一身，相辅相成，构成专制政权的软硬两手。

董仲舒的学说思想,实质上是从巩固西汉专制政权的实际需要出发,对儒学进行改造补充,为强盛的西汉王朝设计的治国理论。虽然打着"天"的旗号,但上天只是为专制服务的"侍女",大一统、君权神授、历史循环、德治等无不是治国谋略。与当时其他学说相比较,董仲舒的学说是以"三纲五常"为核心,而兼收天道信仰之力,把儒术、天人感应、阴阳五行、谋人、谋天、谋鬼神融为一体,为西汉强盛提供最好的守治策略。如果就其方法而论,这种对儒学的改造是在神圣的旗号下,融入了专讲谋略权术的长短纵横之术,使其守治而不消极,深刻而不暴虐,广博而不粗糙,讲天道而不脱离现实,玩弄权术而不易为人所察觉。

从汉武帝的角度来看,"罢黜百家,独尊儒术"是他进一步加强中央集权整体规划中的有机组成部分。在经济繁荣、府库充盈的基础上,汉武帝在政治、经济、军事等方面采取了许多措施,解除了割据势力对中央政权的威胁;创建察举制度和太学制度,拓宽了统治基础;设立中朝,削弱了丞相的权力;加强中央军力,强化了国家机器的镇压职能;设置刺史,使监察制度更加严密;统一货币、盐铁官营和均输平准,增强了中央政权的经济力量;算缗和告缗打击了大商人。所有这些措施都需要有相应的思想理论来支撑。汉武帝独具慧眼,选中了董仲舒的理论。"罢黜百家，独尊儒术"可以说是秦始皇以权力粗暴干预学术的继续，可它比焚书坑儒高明许多。不用火烧，不用活埋，实际效果却比火烧活埋厉害百倍。它并没有像秦始皇那样粗暴、盲目地毁灭文化，而是利用专制权力把有利于专制统治的文化捧为一尊，把不利于专制统治的文化指为邪说而绝其道。它用一种思想文化反对其他思想文化，用一部分知识分子反对另一部分知识分子，并把仕途与统治集团倡导的思想文化直接结合起来。汉武帝加强中央集权不只是用心于政治、经济、军事，而是把思想理论与其紧密结合，充分发挥思想理论对专制政权的影响作用。汉武帝此举，为西汉王朝的专制政权和至高无上的皇权寻到了精神支柱，也为他的守治且有所作为寻到了思想武器，开了儒家独尊的先河，把儒家仁义等伦理道德规范正式纳入专制政权的武库，使其成为治国、驯臣、牧民的工具。汉武帝这些举措的影响不只限于汉代，而且还影响了汉以后中国古代历史文化的走向。汉武帝"罢黜百家，独尊儒术"，斩杀主父偃，纵横家作为一个学派被迫中断，但若就内容和方法而论，"独尊儒术"之举本身就是精致化和政治权术化了的长短纵横之术。董仲舒对儒学的改造把长短纵横之术以新的样貌纳入了儒学之中，长短纵横之术及其深层次文化精神借助董仲舒学说的躯壳继续传播和传承。

尽管中国古代专制制度严密且穿透力强，但是其中也存在着巨大的隐患,藩镇跋扈、权臣擅权、外戚专政、宦官震主、骄兵反叛等都是对专制皇权的巨大威胁。这些构成威胁的主要人物由于处于非正统地位,并有随时被杀头的巨大风险,他们往往采用韬略之术掩人耳目,伺机而动。帝王对于这些问题若处理不当,则有身死国亡的危险。因此,历代帝王无不倾心于强本弱末和驭臣之权术,削夺强臣、抑损相权、权术驭臣等是帝王最常用的几种方法。

①削夺强臣

由于种种特殊的原因,在专制皇权之侧会出现一些势盛睥上、功高震主的强臣,强臣实力恶性发展的结果必然是篡权夺位。帝王在特定的情况下需要用强臣,在局势许可的情况下又因忌惮而削弱乃至消灭强臣,他们削夺强臣的谋术主要有以下几种:

一是以利禄、爵位等收买强臣部下,使其与强臣势不两立。唐昭宗时,杨复恭结党营私,众多的假子被委以重任,威胁朝廷。唐昭宗欲讨伐杨复恭,但又恐其假子作乱。昭宗选其权势最重的假子天威军节度使杨守立为突破口,先赐杨守立姓名李顺节,使其典掌六军,后又提拔其为天武都头,领镇海节度使,同平章事。李顺节宠贵之后,与杨复恭争权夺利,把杨复恭的秘事悉数上报给昭宗。昭宗以此为由,贬杨复恭为凤翔监军,消除了杨复恭的威胁。

二是分其权而制之。把强臣掌握的权力分与其亲戚,待权力削弱之后而制之。汉武帝为了削弱封王的力量，听从主父偃的建议实行推恩法，把诸王的封地再分封给他们的众子弟，使众子弟个个都成为封侯。结果，不仅分散削弱了诸王的力量，而且还取得了众子弟的感恩。

三是直接削夺强臣的权力。北宋初年，鉴于唐五代藩镇割据之弊，宋太祖赵匡胤对强臣弄政深感不安。为强化中央集权，他采用宰相赵普的建议，"稍夺其权，制其钱谷，收其精兵"。逐步分割节度使的权力，将部分权力收归中央掌握，在较短的时间内结束了分裂割据的局面。

四是釜底抽薪。迁出强臣之党羽，分散强臣的势力，待时机成熟的时候再诛灭。西汉霍光掌握中央朝政，为三朝元老，权倾天下。汉宣帝对霍氏所为早有警惕，但念霍光辅政有功暂忍不发。为了防霍氏叛乱，在霍光去世后，汉宣帝采用"釜底抽薪"之谋术，将霍氏亲属逐渐调离中央重要的权位，先调霍光的四女婿未央卫尉范明友为光禄勋，剥夺其兵权，又将霍光的次婿中郎将羽林监任胜调任安定太守，剥夺了其掌握皇帝禁卫的权力，复调霍光的长婿长乐卫尉邓广汉为少府，剥夺其宫殿守卫权，收霍光长子霍禹右将军的印绶，后任命其为无兵权的大司马。霍禹看到重权被夺，亲戚调徙，托病不朝，渐露逆谋之兆。在叛乱将发而未发之际，汉宣帝下诏将其满门抄斩。汉宣帝能一举消灭霍氏，因有赖釜底抽薪之谋。

② 抑损相权

历史的经验告诉专制帝王，篡位者都是先攫取某种特殊权力，权倾朝野，然后篡弑。王莽取汉、曹氏夺权、司马氏篡魏、朱温代唐等无不是如此。所以，皇帝最忌讳权臣擅命，抑损相权成为帝王克服权臣擅命的重要谋术之一。丞相原本是皇帝的副手、中央政府的最高行政长官，因其居于"一人之下，万人之上"的高位，很容易威胁到皇权。早在西汉时期，汉武帝就开始抑损相权。他的具体办法是选用一批级别较低的官吏充任"内朝官"，与以丞相为首的行政系"外朝官"相对应，削夺了原属丞相的部分权力。东汉时，汉光武帝设尚书台，发展了汉武帝重用"内朝官"的做法。隋唐时期，创立了三省六部制，把相权一分为三，由皇帝直接驾驭，以防其专权。明初，朱元璋为了彻底根除相权对君权的威胁，废除了丞相，提高六部地位，吏、户、礼、兵、刑、工六部各自分理朝政而无总揽之权，政务集中由皇帝亲裁。到此为止，原来意义上的丞相已不存在，相权对君权的威胁也就消除了。

③ 权术驭臣

帝王在攻取天下，谋求皇位之时，由于实际斗争需要，一般都能做到举贤任能，量才录用。在得天下之后，独擅其权的帝王总是惧怕权力旁落，便由以前的用人之术转为驭臣之术，玩弄权术、控制臣僚、赏赐笼络、防范惩罚、平衡牵制等成为帝王经常运用的驭臣之术。

赏赐笼络是帝王常用的手段，通过赏赐满足臣属的某些需求，诱使其产生忠君之狂热。为了使臣属的忠君热情长盛不衰，历代王朝的官爵设置越来越繁密，造成宦海茫茫、仕途荡荡的景象，把官僚引入一步一步、永无止境的攀登之途。当臣属一次又一次为加官进爵而弹冠相庆的时候，会情不能自禁地感恩戴德，激发出更加炽热的忠君火焰。赏赐是用在刀刃上的钢，重要时刻的赏赐能产生事半功倍的效应。曹操率兵出征，每攻破城池，旋即把掠获的财物悉数赏给有功将士。对功勋卓著者，不吝千金；对作战无功者，分毫不与。所以，曹操的军队士气高昂，作战勇敢。赏赐的效果，不完全取决于赏赐的内容，在一定程度上还取决于赏赐的姿态，赏赐者尊重受赏者可以增强笼络的效力。曹操闻贤士谋臣前来投奔"跳出迎之"，刘备"三顾茅庐"请诸葛亮出山，无非想表示求贤若渴的诚意。君主通过赏赐姿态来强化赏赐效应，更显示其对臣属的知遇之恩。

赏赐笼络是正面的吸引与激励，防范与惩罚则是强制与威慑，以此达到让臣属不敢有不忠之心的目的。对臣属的防范侧重于心理震慑和防患于未然，君主时常采用窥测、监视、侦缉等手段，及时掌握臣属的隐私与心态，并暗示臣属，自己对他们的动态了如指掌，使其不敢玩弄阴谋诡计，心存侥幸，图谋不轨。唐代武则天大开告密之门，明代设东厂、西厂和锦衣卫，暗中监视臣属。明太祖朱元璋在这方面用心极深。例如明太祖派密使侦察，窥测到宋濂曾与客人在家饮酒。第二天，明太祖问宋濂"昨饮酒否？坐客为谁？馔何物？"宋濂如实回答。太祖笑曰："诚然，卿不欺朕。"试想，处于这样严密监视之下的臣属，若没吃豹子胆谁敢有不轨行为。

防患于未然只能减少臣属反叛与图谋不轨的机会，而不可能根绝这种事情的发生。因此，惩罚是防范臣属犯上作乱的最后防线。对于反叛之臣以严惩不贷为原则，施以重刑。唐玄宗诛灭韦氏，明太祖诛杀蓝玉，均是满门抄斩，株连同党。重刑不贷的震慑力最强，使臣属因惧怕"磔于市，夷三族"而不敢萌生异志。为了使惩罚能够达到杀一儆百的效果，最好是罚不迁列，就地正法，当即正法。周亚夫细柳行军令、曹操割发自刑、孔明挥泪斩马谡等，都因罚不迁列而收到良好的效果。君主对于重臣、权臣、功臣总是保持高度的警惕性，其稍有过错或略露峥嵘，就立即行诛，这可称为刑于将过。汉高祖刘邦依靠韩信、萧何、张良等诸大臣的力量，战胜项羽，取得天下。但是当帝业成功之后，对大臣产生猜忌，诛韩信，囚萧何，张良及时隐退，才得保善终。刑于将过可以避免酿成大祸，但因君主主观随意性过大，很容易造成冤案。

平衡牵制是君主驾驭群臣的又一手段。具体内容是在君主专制集权的前提下，寻求各方面力量和各种权力之间的平衡，使之互相牵制，相互制约，达到以臣制臣，君主超然其上独揽大权的目的。以臣制臣可分为以微臣制贵臣、以近臣制权臣、以酷吏制重臣等数种。以微臣制贵臣，是以小折大，以贱折尊。如南朝宋、齐二朝，设典签之职，由亲信担任，直接对皇帝负责。典签代镇将掌实权或分掌实权，监督王侯、方镇，"刺吏行事之美恶，系于典签之口"。以近臣制权臣，是倚重于近臣宦官，制约权臣的权力。唐代中期以后，为防止藩镇割据政变，派亲信宦官充任监军，与统帅分庭抗礼，使军帅受到多方掣肘。明代宦官，多被委以税使、矿监者，出使各地，防止地方官吏隐匿财政收入。以酷吏制重臣是非常残酷的手段。君主在整肃朝纲、严明法纪的名义下，由皇帝直接控制的酷吏，罗织罪名，杀戮重臣。武则天重用周兴、索元礼、来俊臣等人，用残酷手段迫害政敌，株连同党。但是武则天在皇位巩固之后又将周兴、来俊臣等人治罪，以平民愤。

中国古代专制制度的威力和权力根源于它对臣民人身的支配，君王的种种韬略智谋、阴谋诡计的终极目的或最终归宿，都在于如何统治好人民。因为人民是社会活动的主体、社会生产力的首要因素和社会生产的承担者。只有控制好人民，满足统治集团需求的财富才能源源不断，专制政权才可长治久安。为了有效地实行对人民的控制,历代王朝都在全国范围内建立了严密的政治统治系统和庞大的常备军,直接施诸基层人民的措施有户籍制、什伍里甲制、连坐法等。这些制度是硬的手段,属统治系统中的硬件。但是,仅此还远远不够,还需要所有社会成员保持行为、思想、言论与专制君主的一致性,每个人都需从"正心"起始,经修身、齐家,到治国、平天下。这个工作不是严密的行政组织系统所能完成的,它需要一整套教化措施,通过强制性的社会教育,把所有社会成员的思想、言论、行为全部纳入专制政权所设置的轨道之中。专制政权的教化自然是以儒学为主要内容,经历代不断改造的儒学,再加上国家政权自上而下的强制灌输,以谋心来牧民成为中国古代专制君主的重要治国谋术。他们宣扬君权神授,标以仁政、贤明和道德等。

宣扬君权神授说,目的是在人民心目中把君主神化,使臣民形成对君主的崇拜心理。为了神化君权,先要神化皇帝自身,述说君王与常人有多种不同之处。如刘邦母亲曾睡着于大泽之陂,梦中与神相交,已而有娠,生刘邦。前赵刘聪之母梦见太阳进入怀中,乃生刘聪。这些非凡人之胎的君主出生之际还有各种神奇的异兆,如魏文帝曹丕,出生时青色云气终日笼罩头上;隋文帝杨坚出生时紫气充庭,手上赫然有"王"字;宋太祖赵匡胤,出生时异香伴身,遍体金色。由于非凡之胎生有异兆,其体貌也异于常人。汉高祖刘邦左腿有72颗痣,蜀汉昭烈帝刘备和晋武帝司马炎手长过膝,唐高祖李渊"体有三乳",明太祖朱元璋奇骨贯顶。

历代帝王从古代巫术中选出符命与图谶,把符命的种种征兆和图谶的神秘暗语视为上天表示意向的手段、得天命的凭证和谋求帝位的资格。汉高祖刘邦借老妪哭白帝子,说明自己是赤帝之子。武则天执政时,武承嗣派人凿"圣母临人,永昌帝业"八个大字于石,献于武则天。有人搬出《大云经》作为依据,说武则天是弥勒佛转世,当然应该成为皇帝。

编造种种神化帝王传说的最终目的,是要把帝王神化为参天地之化、掌握现实社会发展和每一个社会成员命运的上天之子,要求人民顶礼膜拜,虔诚臣服,对帝王的神圣与权力不生丝毫的怀疑。

标以仁政是帝王笼络人民的又一谋术。所谓仁政,一是强调亲民、爱民、重视民众的作用和民心的背向;二是适当减轻剥削强度,改善吏治,缓解社会矛盾,维持长治久安。刘邦在推翻暴秦的基础上建立了西汉王朝,以秦覆灭为鉴,采取与民休息政策;汉文帝、汉景帝减轻田租,从十五税一到三十税一,为西汉王朝鼎盛准备了条件。唐太宗选用廉吏,惩治贪官,推行均田制、租庸调制,恢复生产，让人民休养生息，使唐朝走上了中国古代社会发展的高峰。这种标榜"仁"的治民之术是中国古代社会中最积极的一面。即使如此，君主亲民是为了用民，惠民是为了利君，高悬于殿堂的"爱民如子"对此做了最好的注释，人民都是专制政权的儿子，他们应该像孝顺父母一样忠于专制政权。

为使人民成为专制政权的驯服工具，便要把"君君、臣臣、父父、子子"和"三纲五常"作为人民的行为规范，使其成为束缚人民心灵的枷锁。"三纲"即君为臣纲、父为子纲、夫为妻纲，"五常"即仁、义、礼、智、信。倡导"三纲五常"的目的是"疆理上下，整齐人道"（《白虎通义》），"立尊卑之制，等贵贱之差"（《春秋繁露》）。在"三纲五常"的巨大罗网之中，每个人都仅是这个罗网中的一个小小的结，一个无怨的忠实臣民。为了使伦理道德彻底成为专制制度的牧民工具，程朱理学对人的自然欲望发起了新的攻击，提出"存天理，灭人欲"、"饿死事极小，失节事极大"等近乎荒唐的命题，用所谓伦理道德扼杀人的正常需求，用专制秩序这个最高的天理来泯灭人的个性和独立性，使人人都成为恪守"三纲五常"，只知忠诚于专制君主而无其他欲望要求的臣民。

用教化谋民、以谋心术牧民是精致而深刻的谋民之术，它不是严刑峻法，不见刀光剑影和血雨腥风，也不是从直接的利害关系中谋求功利,而是在富有人情味,貌似合乎人道的伦理道德之中,逐渐把人们培养成顺民,难怪鲁迅先生把传统的仁义道德归结为"吃人"二字。

(3)政治权术对专制政权的负面效应

由长短纵横之术转型而来的政治权术,作为专制政权的工具,为专制政权的建立和巩固鞍前马后地做了许多有益的甚至是至关重要的贡献。可恰恰就在这些贡献之中,埋下了置专制王朝于死地的种子。因为谋略权术作为一种文化现象并不只为专制政权统治集团所垄断,专制政权的叛逆者同样会使用谋略权术,甚至是用更高一筹的谋略权术来反对当时的专制政权。

中国古代专制制度有它的各种典章制度和法律,但是这些典章制度与法律自身的独立性很弱,皇帝凌驾于典章制度与法律之上,是最高的立法者和最大的审判官;司法隶属于各级政府,典章制度与法律是统治集团治人牧民的工具;以礼入法,儒家伦理道德准则被纳入司法系统,拓宽了以法治民的广度和深度。在专制政权的政治活动之中,人治是其基本治理方式,典章和法律仅仅是人治的手段,谋略权术则是人治的常用武器。由于专制政权至高无上,皇帝手握生杀予夺大权,制约其权力的因素很少,所以很容易由人治进入谋治。在专制政权处于建立进取时期,权术谋略往往能够被正确运用，带来许多建设性的效果。但是，当专制的政权由鼎盛走向衰落的时候，会在更大程度上依赖于权术谋略，以致走入唯权术谋略是用的怪圈。他们不务治国安邦的韬略智谋，而锐意于争权夺利、权力平衡、欺蒙诬骗等权术阴谋，维持摇摇欲坠的统治局面。这种权术阴谋，好者能暂缓一时危机，劣者则激化矛盾，加速坠落，更甚者这种权术阴谋的怪圈常常能催生出篡逆者。由于篡逆者长期生存于权术阴谋之中，擅长权力争斗，他们很有可能借助于有利的时机把某个专制政权置于死地。

西汉末年从汉元帝始，社会矛盾尖锐，险象丛生。汉成帝时，山东、河南、四川等地相继爆发农民起义。汉哀帝时，西汉王朝的危机进一步严重。面对如火如荼的农民起义，哀帝既无能力全面镇压平息，又无汉武帝的宽宏胸怀，以罪己来缓和矛盾，而是采纳阴阳灾变论者的主张，试图用"再受命"的小把戏来摆脱危机。汉哀帝自称"陈圣刘太平皇帝"，改元"太初元将"。汉哀帝这种"再受命"的做法是企图利用"君权神授"的传统观念重振西汉王朝鼎盛时期的雄风，平息农民起义烽火，稳定统治秩序。用现代人的眼光来看，汉哀帝的做法无疑是掩耳盗铃。如果从历史的角度来看，却不失为一种不高明的权术。因为当时"君权神授"是为人们所普遍接受的观念，它所起的作用一方面是震慑统治集团的成员，另一方面是有可能使人民愤怒至极的情绪稍有缓和。但是，王莽这位工于心计的大司马，巧妙地利用了西汉末年的局势，捐钱献地，收揽民心，排除异己，树立党羽，纵容献祥瑞、呈符命，终使汉祚寿终正寝，自己受命为帝。在西汉末年统治集团内部的这场斗争中，双方都极尽权术阴谋之能，无奈哀帝、平帝和孺子婴都不是王莽的对手。王莽能用权术阴谋夺取西汉政权，却不能以权术阴谋扭转乾坤。王田私属，五均六管，改革币制，改易官制、地名，等等，非但没有稳定局势，反而引起更大的混乱，最终王莽被悬头于市，"百姓共提击之，或切食其舌"。

从谋略权术这个特殊的角度看，西汉末年王莽改制这场历史闹剧，始于权术，乱于阴谋，结束于诡计。它最重要的历史启示是，专制政权对谋略权术的过度恃仗，或引起统治集团内乱，或培育出反对现实政权的阴谋家，而恰恰是这阴谋或内乱会直接把专制政权送上断头台。东汉末年的曹操父子，西晋末年的"八王之乱"，唐朝末年的藩镇割据等，无不是如此。同时，权术阴谋的具体运用也呈现出多样的风格，举其大类有韬略之术、演变之术、宫廷政变之术等，举其小者则有示无大志、巧妙深藏、忍辱取怜、矫情伪装、结党为援、巧借外力等。

所以，我们完全可以这样认为，由长短纵横之术转型而来的政治权术，与中国古代专制政权形成了一种非常特殊的关系，专制政权既离不开它，又常常为它所害，它对专制政权的作用是正面效应和负面效应并存，但绝不能认为它是挽救将倾之大厦的良药。

2.纵横家与传统文化

中国传统文化博大精深，丰富多彩，是一个蕴含多方面内容的完整体系。可以说，以孔子思想为代表的儒家文化是中国传统文化的主干，但是中国传统文化不仅有儒家文化，在儒家文化之外还有其他各种文化形态。各家各派在中国传统文化发展进程中，由于立足点不同、主要观点相异而相互辩难争执。同时，它们又由于共生于一块土壤，相互融合、摄取、补充。尽管汉武帝以来独尊儒术，但其他学术文化并非完全断绝，它们或改变形式，或修正内容，仍然存在于传统文化的硕大母体之中，并对传统文化发展发挥着不同程度的作用。纵横家的长短纵横之术以其独特魅力，借助于现实需要以及和其他学派深层次的相通性、相近性，对儒家学说、道家学说和法家学说等产生了不大容易为人所察觉的影响，使它们的实用理性精神和谋略权术的含量加大。

（1）纵横家文化与儒学

战国纵横家是在人与人之间、国与国之间的利害关系中谋求功利，为了达到目的可以不择手段，其动机、手段和目的都很明白。儒家则与之不同，号称重义轻利，标榜仁人君子并对纵横家不断地抨击批评。

《孟子·滕文公下》记景春与孟子的一段对话：

景春曰：

> 公孙衍、张仪岂不诚大丈夫哉？一怒而诸侯惧，安居而天下熄。

孟子曰：

> 是焉得为大丈夫乎？子未学礼乎？丈夫之冠也，父命之；女子之嫁也，母命之，往送之门，戒之曰："往之女家，必敬必戒，无违夫子！"以顺为正者，妾妇之道也。居天下之广居，立天下之正位，行天下之大道。得志，与民由之；不得志，独行其道。富贵不能淫，贫贱不能移，威武不能屈，此之谓大丈夫。

字里行间流露出，在孟子的心目中，公孙衍、张仪不仅不能算是顶天立地的大丈夫，倒与"以顺为正"的"妾妇之道"相近。

荀子对纵横家的"利"和"权谋"十分反感，在《荀子·王霸》中指出：

> 挈国以呼功利，不务张其义，齐其信，唯利之求。

内则不惮诈其民而求小利焉，外则不惮诈其与而求大利焉，内不修正其所以有，然常欲人之有。如是，则臣下百姓莫不以诈心待其上矣。上诈其下，下诈其上，则是上下析也；如是，则敌国轻之，与国疑之，权谋日行而国不免危削，綦之而亡，齐湣、薛公是也。

荀子认为，讲求功利，君臣分崩离析；权谋日行，国家危削。齐湣王和孟尝君都是功利和权谋亡国的典型。

明代宋濂在《宋学士全集·诸子辩》中指出，纵横家的"揣摩"：

是皆小夫蛇鼠之智，家用之则家亡，国用之则国债，天下用之则失天下。

儒家对纵横家的批评不是没有道理的。在纵横家中确有一些道德水平不高、滥用权谋、贪恋功利之人，所以长短纵横之术被清代的卢文绍斥为"千古之邪术"(《鬼谷子·序》)。儒家批评纵横家的功利和权谋，并不是说儒家不要功利和权谋。孔子在《论语》中明说"小不忍，则乱大谋"，孟子在他的政治学说中也透露出对经济利益和权谋的重视。他们与纵横家的区别在于，不使雕虫小技，不谋蝇头小利，着眼于最深刻的谋略，着手于人世之大利。从孔子、孟子、荀子到董仲舒、"二程"、朱熹，历代儒学大师向帝王推荐、解说儒学时，所谈论的不只是人生哲理与伦理道德，而是以此为基点的治国韬略，治国、牧民、驯臣、王天下的重大利害。儒学本于人的自然属性，本于家族血缘、人伦之常的历史积淀，提出极富人情味的仁、义、孝、恕等命题。这些命题或许是人类永远需要的道德素质，要害在于这些伦理道德准则在儒学体系中成为谋治的工具，"君君、臣臣、父父、子子"，修身、齐家、治国、平天下，无不是把伦理道德上升为政治准则，使伦理道德沦为专制政权治民的工具。所以有学者称儒家学说为儒学仁术，认为儒学是传统学术流派中韬略智谋最高、最深刻的一派。儒家使用谋术与纵横家相同，但又高于纵横家。纵横家直言权术谋略，而儒家在不言利之中谋求天下大利，在不言权谋之中谋求统治天下。两个学派相比较，纵横家真是直白而无城府，儒家则是老谋深算，深藏不露。

儒学在其历史嬗变过程中，不断吸收融合其他学说，修正其理论形态，有的儒者甚至直接研究和吸收纵横家文化。这些人有东汉的冯衍，魏晋的秦密、袁悦、王衍，唐代的魏征、李靖，宋代的苏洵、苏轼、陈亮、叶适、李格非，明代的王世贞、李贽、张一鲲，明清之际的侯方域、傅山、朱舜水、唐甄、谭献、廖燕，清末民初的王闿运、杨度，等等。或许与这个原因有关，儒家积极入世的谋治精神始终如一，经世致用的价值取向传承不绝。在儒学入世谋治、经世致用的运作中，"内圣外王"则是贯穿其中的一条主线，也最能说明儒学的深刻性。

"内圣"就是"修己",属于个人道德修养的至高境界,是对主体的心性修养方面的要求,以达到仁、圣为极限,侧重于谋其心。"外王"是"安人",属于治世安民的社会理想,是对社会政治教化方面的要求,以实现王道、仁政为目标,侧重谋其事。儒家把内心的道德修养与外在的政治实践融为一体,构成了谋心与谋事胶合在一起的儒学仁术。

侧重于谋心的"内圣外王"到程朱理学时,达到了最高峰。理学的开山鼻祖周敦颐认为,圣人是可以通过学习、内省而达到人生的崇高目标的,而圣人之道就是"仁义中正",包括内在的德行与外在的事业。"二程"认为,"内圣"是万事之本,只要致力于内在心性的修养,做到"正心诚意",自然就会"国治民安",个人可以成为圣人。程颐说:"凡学之道,正其心养其性而已。中正而诚,则圣矣。"(《河南程氏文集·卷八》)面对北宋后期尖锐的社会矛盾,"二程"心急如焚,他们提出了着眼于对人的内部精神的修炼和提高,忽略对外部世界的认识与改造的主张。南宋朱熹在"内圣"功夫上,强调"持敬"、"去欲"的主体修养,其具体途径是"方寸之间"的"正心诚意",他说:"人君之学与不学,所学之正与不正,在乎方寸之间……盖格物致知者,尧舜所谓精一也。正心诚意者,尧舜所谓执中也。

自古圣人口授心传而见于行事者,唯此而已。"(《朱子大全·卷十一》)总而言之,程朱理学把人类心灵的"方寸之间"的"正心诚意"视为一切外在事功的根本,有了它便会拥有一切,失去它便会失去一切。

"内圣外王"之学看来似乎超越世俗或达到宗教式的神圣,与谋利、谋事风马牛不相及,可事实上这是一种隐蔽、深刻、长远的谋术。众所周知,人是人类社会存在的前提,是人类社会和人类历史的主体,是改造自然与社会的生力军。人类因为有高于其他任何动物的思维能力和智商,所以成为地球上的"万物之灵"。由这个事实自然会演绎出只要掌握了人便可驾驭人类社会的看法。从认识论的角度看,程朱理学的"内圣"之说抓住了从意识到行为这个环节,力图引导人们通过有意识地自我反省、自我修身来进行自我改造,使其成为专制制度的驯服工具,成为专制制度的卫道士,成为程朱理学的忠实信徒和无欲无求的愚民。

从另一个角度看,"内圣外王"之学还有更深刻的用意。自北宋起,专制政权的权力特别是君权,达到空前的集中,已经没有能够有效制约它的力量。唐代地方势力牵制中央的形势已消除;在思想观念上,董仲舒的"天人感应"学说又因不适应新的需要而溃散;具有庞大权力的官僚体制和拥有绝对权威的皇帝本身的可维系性成了问题。在王安石为解决内忧外患的变法失败之后,在随着皇位的传递几经改变政策而效果不佳之后,出现了以"正君心"为旗号的政治理论,并逐渐在南宋末年和元明清成为居于统治地位的主流意识。它将原始儒学讲的"正心诚意,修身齐家"提到空前的高度,以"内圣"为根本达到"外王",把突出"内圣"的"内圣外王"之学作为维系整个封建社会秩序和整个官僚体制的力量。一方面要求"格君心之非,正心以正朝廷"来制约君权,并视其为治道之根本,治国的良策;另一方面,宣扬"存天理,灭人欲",以此来牧民,训导人民服从治理。程朱理学的"内圣外王",不仅要谋民心,而且要谋君心,力图通过谋君心达到治国安邦。由此来看,程朱理学作为一个特定时期的儒学,它不仅谋及民心,而且谋及君心;它不仅谋人心,而且通过谋人心来谋治国。这事实上是一种精致而深远的谋术。

之所以说儒学是高深的韬略智谋,不仅因为其有谋略的学说和行为,而且因为它的演变历程和它的内在逻辑。在儒学发展史中,并不是先有伦理道德圣洁,然后再从圣洁的伦理道德中产生治国的韬略智谋,而是先有从周公到春秋时期主张王道的原始儒学,然后才逐渐从孔子、子思、孟子经由《大学》、《中庸》到宋朝的理学,把伦理道德和心性的神圣性凸显出来。这也就是说,儒学在起源之时就与治国王天下的韬略智谋结下了不解之缘。在儒学的内在逻辑中,首先是治国安邦,其次才是人君、士人通达于王道的道德修养。在儒学看来,"内圣外王"是和谐统一的理论,"内圣"是根据,"外王"是目的。没有"内圣","外王"便失去根据;没有"外王","内圣"亦无归宿;"内圣"是体,"外王"是用。它把道德、心性、修身都作为治国韬略的中间环节,把"三纲五常"当作驯臣牧民、巩固专制权力的手段。从历史和逻辑来看,儒学的韬略智谋的关键不在于它的细枝末节,而在于它的前提和精神实质。也正因有了这个前提和精神实质,儒学才得以在深层次上与纵横家文化发生联系。

如果说程朱理学的"内圣外王"之学侧重于谋人谋心,那么在儒家学派内部还有侧重于事功的一派。从战国的荀子,经宋朝的叶适、陈亮,到明清之际的顾炎武、黄宗羲、王夫之,再到清代中后期的龚自珍、魏源等人,都力倡经世致用,直言政治、军事、经济等社会实际问题,以面对现实的精神提出谋事要讲究功利。叶适认为,仁义与功利是统一的,谋利而不自私其利,计功而不自居其功,这就是仁义。陈亮认为,义与利、天理与人欲是并存的,物质欲望是人们的天性,不能从根本上否定天性的利欲要求。顾炎武力主明道救世,批评理学空疏。黄宗羲提出"史学经世"的口号,龚自珍和魏源力倡"以经术为治术",谋求富强良策。儒家事功学派虽不如程朱理学那样精致,但也是直截了当,坦诚言利谋事,在根源上、形式上都与纵横家文化更接近。

儒家的学者,都是生活于现实中的活人,虽然口言仁义道德,却无法回避人生必需的衣食住行和与之紧密关联的功名利禄。所以在日常生活、洒扫应对中,在涉及切身利益的事情中,儒家从来不吝啬使用纵横家的长短纵横之术。章太炎先生对此颇有些认识,他在《诸子学略说》中说:

> 儒家不兼纵横,则不能取富贵。……纵横之术,不用于国家,则用于私人,而持书求荐者又其末流。……韩愈以儒者得名,亦数数腾言当道,求为援手,乃知儒与纵横相为表里,犹手足之相支、毛革之相附也。宋儒稍能自重。降及晚明,何心隐辈又以术自豪。及满洲而称理学者,无不习捭阖,知避就矣。孔子称达者察言观色,虑以下人;闻者与纵横稍远,而达者与纵横最近。

从某种意义上讲,儒家在重谋略、讲功利方面与纵横家相近,并在一定程度上吸收了纵横家文化的部分内容,消解了纵横家非道德不仁义的一面。这似乎是一种完美的吸收与批判,但与纵横家公开讲利益为权谋相比较,却多了几分虚伪。

(2)纵横家文化与道家

道家文化在中国传统文化中的地位虽不及儒家文化,

可也是其中的重要组成部分。先秦道家是以老庄为代表的学术派别,而道教则是形成于东汉以后的宗教,两者虽然不完全重合,但是道家学术乃是道教的思想渊源之一。道教在首创之时,尊老子为教主,奉《道德经》为主要经典。东汉以后,研究老庄思想的学者,相当一部分是道教信徒,阐述和注释老庄的许多著作,大都集中在《道藏》当中。就是这样,道家与道教连为一体。

与直言利害、积极为谋的纵横家不同,也与重视人的社会性、强调积极入世的儒家不同,道家以超然的面貌出现,提出许多玄远深湛的思想,并在哲学上达到了理论思维的较高水平。如果拨开"玄之又玄"的迷雾,便会发现《老子》是始终关心如何应对人世利害祸福的,老子谈天道是为了入世,为了应对谋求天下、应对他人;清静无为,是为了无不为;《庄子》始终想要摆脱束缚,追求自由人生,但谈自然是为了走出烦恼,自我解脱。不论是《老子》还是《庄子》,其玄远深湛的思想仍是以世俗功利为目标的,都以更冷静、更理智、更智慧的形式体现出了实用理性的文化精神。如果说儒学仁政以谋求"内圣外王"为其理想追求,如果说纵横家崇尚智谋权术、致力于长短纵横游说施谋,那么道家则是以心智王天下,长于祸福应对。

以心智王天下,就是以超人的智慧让天下归之,"犹川谷之于江海"。(《老子·三二章》)其具体环节是修身、治国、得道。《老子》的修身是以"德"修其身。"道"是天下万物、人世利害运动的本原和根本规律,"德"则是人对道的领悟和践行,圣人通过以德修身,达到一种精华内敛、高度虚静、身心自得、精纯之至的精神境界。这种精神境界是智慧之本源,抓住这个本质便能举本振末、天下归化。修身积德之所以能为治国王天下之本,是因为这样的修炼可使人归根返本,长于洞观祸福,娴熟于祸福变化规律,练就祸福对应之智。道家的祸福对应之道可以概括为忍让和以智为愚。

关于忍让,《老子》说:

> 生而不有,为而不恃,功成而弗居。夫唯弗居,是以不去。(《老子·二章》)

> 持而盈之,不如其已;揣而锐之,不可长保。金玉满堂,莫之能守;富贵而骄,自遗其咎。功遂身退天之道。(《老子·九章》)

忍让能消灾免祸,是因为人时时都处在利害纷争之中,这些利害纷争既是挑战又是机遇,每刻都有积怨为祸和转祸为福的可能性,稍有不慎,即会伤人致祸,积怨于人。人生在世首先是防祸,然后才能得福。所以忍让最为要紧,无权、失意时要忍要让,有权、得势时更要忍要让。

关于以智为愚,《老子》说:

绝圣弃智，民利百倍；绝仁弃义，民复孝慈；绝巧弃利，盗贼无有。此三者以为文不足，故令有所属。见素抱朴，少私寡欲。(《老子·十九章》)

不尚贤，使民不争；不贵难得之货，使民不为盗；不见可欲，使民心不乱。是以圣人之治，虚其心，实其腹；弱其志，强其骨。常使民无知无欲，使夫知者不敢为也。为无为，则无不治。(《老子·三章》)

民之难治，以其智多。(《老子·六十五章》)

以智为愚实质是愚民政策，使民不智，便于牧之。为使民不智，圣人须若愚，但这是大智若愚而不是真正的无知之愚。因此，以智为愚是一种非常冷静的算计，其中对人们的算计超过了任何学派。

道家忍让和以愚为智的哲学依据是"祸兮，福之所倚；福兮，祸之所伏"的祸福对转辩证法。这种祸福对转在深层次上与纵横家文化相通，在此基础之上发展成更出色的算计。《庄子》认为，人的自然属性才是人的真谛，只有保持人的纯自然属性，才能实现真正的人生。人是具有自然与社会双重属性的高级动物，为了"可以保身，可以全生，可以养亲，可以尽年"(《庄子·养生主》)，宁可放弃人的社会属性，取消一切物质文明和精神文明，使人回到浑浑噩噩、小国寡民、老死不相往来的社会性极低的社会中。为了申明社会属性对保身、保命、全形生的不利性,《庄子》中有一个寓言和一个故事。

关于"混沌"的寓言:有一个神,没耳目口鼻,叫作"混沌",生活得很好。后来,有另外两个神,可怜他没有耳目口鼻,设法为他开窍,凿了七天,开了七窍。窍开完了,"混沌"也死了。

关于"支离疏"的故事:支离疏这个人生来畸形,头长得挨住肚脐,两肩高于头顶,后脑下的发髻指向天空,五官的出口也都向上,两条大腿和两边的胸肋并在一起。国家征兵,壮者为逃征而到处藏匿,他却捋袖扬臂游来逛去,悠闲无恐。国家征役,他因残疾有病,可以名正言顺地不服役。到发救济品时,他却能领到三钟粮、十捆柴。就是这样一个残疾人却可以"终其天年"。

从这个寓言和这个故事中可以看出,道家对人的算计,是在"全形生"的名义下,消除人的社会属性,让人相信"好死不如赖活着"。为了活命,为了尽天年可以不要灵魂,不要脸皮,把人的社会属性全部算计掉,使人成为只有自然属性而无社会属性的低等动物,像猪马牛羊一样任人宰割,任人驱使。与儒家、纵横家相比较,道家对人们的谋算更彻底。儒家要把人民驯化成封建伦理道德的工具,纵横家是在谋人、谋事中玩弄他人于股掌之上,道家则是要把人民驯化成无知无欲的低等动物。

与道家学说相联系的道教，从东汉产生以来就显示出与纵横家相近的谋略性权术。早期道教经典《太平经》，体现出重视现实政治，谋求治平之道，表达了希望天地、社会、家庭、国家太平，人延年益寿等观点。由于道家在学术上受儒学排挤，在宗教上受到佛教的冲击，一直没能成为冠冕堂皇的官学，其政治谋略也未能付诸实践。但是早期道家学说中的保命、全形、终其天年的观点却发展为养生术和长生术，力图直接从生理上谋求长生不老，并由此衍生出守一、存神、行气、吐纳、导引、辟谷、服食、房中、外丹、内丹等道术。由于这些道术合乎人类长生不老的自然希冀，所以它早已超出道教的范畴，成为不同层次社会成员的长期追求。不少方士、贵族乃至皇帝争服金丹，竞相讲求"性命双修"的内丹术。由道教而来的长生术和养生术，其中有科学也有谬误，但是不论科学或谬误，都负载着积极入世、孜孜谋求的精神。

之所以说道家与纵横家文化有关联，是因为其思想内涵中确有以心智王天下、长于祸福对应、追求长生不老、谋天下、谋人生、谋永存的谋略权术。班固对道家文化的谋略性早有说法：

> 道家者流，盖出于史官，历记成败存亡祸福古今之道，然后知秉要执本，清虚以自守，卑弱以自持，

此君人南面之术也。合于尧之克攘,《易》之嗛嗛,一谦而四益,此其所长也。及放者为之,则欲绝去礼学,兼弃仁义,曰:独任清虚可以为治。(《汉书·艺文志》)

班固的这段话,从历史根源和内在逻辑两个方面对道家文化谋略性的概括很精到,指出了道家"君人南面之术"与纵横家的长短纵横之术在本质上的相通性。

(3)纵横家文化与法家

法家与纵横家都是兴盛于战国,积极务实,富有进取性的学派。两者之间不仅有相通的共性,而且相互还有更多的吸收与融合。

有人建议秦王政下逐客令,驱逐游说于秦国的游士、宾客。李斯上《谏逐客书》,力陈逐客之弊端:

> 孝公用商鞅之法,移风易俗,民以殷盛,国以富强,百姓乐用,诸侯亲服,获楚、魏之师,举地千里,至今治强。惠王用张仪之计,拔三川之地,西并巴蜀,北收上郡,南取汉中,包九夷,制鄢、郢,东据成皋之险,割膏腴之壤,遂散六国之从,使之西面事秦,功施到今。昭王得范雎,废穰侯,逐华阳,强公室,杜私门,蚕食诸侯,使秦成帝业。此四君者,皆以客之功。由此观之,客何负于秦哉!向使四君却客而不纳,疏士而不用,是使国无富利之实,而秦无强大之

名也。(《史记·李斯列传》)

李斯是战国法家代表人物之一,他能充分肯定法家和纵横家对秦国的巨大贡献,表明法家与纵横家有着特殊的关系。事实上,法家不只是在务实、进取方面与纵横家具有共同点,法家对纵横家的长短纵横之术也很感兴趣,从多方面认真学习纵横家的游说和权变,以游说权变谋事治国。例如:

邹忌游说齐威王,用弹琴比喻国君和相国运用法令来治国的道理,得以出任齐相国,主持齐国变法。

商鞅游说秦孝公,先说之以"帝道",孝公感到索然无味,不停地打瞌睡;后又说之以"王道",孝公认为很好却不采用;最后说之以"霸道",连谈数日,孝公不倦,遂重用商鞅,进行变法。

饱学帝王之术的李斯,先游说权相吕不韦,后又游说秦王政,被拜为客卿。

法家的代表人物韩非,口吃不善言谈,可对游说之术有独到的研究,在《韩非子·说难》中总结了游说的技巧、方法。

法家与纵横家的勾连不只局限于技术方面的学习借用,更重要的是把长短纵横之术中的部分内容纳入法家的学说系统之中。在韩非之前,法家的重要代表人物商鞅讲法,申不害讲术,慎到讲势。韩非子集法家之大成,把法、术、势熔为一炉，构成一个完整的学说体系。据韩非子说："法者，宪令著于官府，刑罚必于民心，赏存乎慎法，而罚加乎奸令者也。"（《韩非子·定法》）"术者，藏之于胸中，以偶众端，而潜御群臣者也。"（《韩非子·难三》）"术者，因任而授官，循名而责实，操杀生之柄，课群臣之能者也。"（《韩非子·定法》）势者，"夫马之所以能任重引车致远道者，以筋力也。万乘之主，千乘之君，所以制天下而征诸侯者，以其威势也。威势者，人主之筋力也"。（《韩非子·人主》）法、术、势中，"术"就是国君对付臣下人民的权术。这种权术在具体运用时，必须严格保密，暗自操作。韩非子把"术"纳入法家的学说体系，标志着法家从公开法治向阴谋权术的转化，在学术上进一步向纵横家靠拢。

法家学说是战国时期的显学之一，由于法家与长短纵横之术的勾连，丰富了法家的思想内容和治国之术，使法家成为中国古代历史中为谋最深的学派。也许是因为法家的这个特质，其学说以"外儒内法"的形式在默默无声中延续了两千余年，长短纵横之术也在其延续之中反复地被人们运用。

探索儒家与纵横家文化、道家与纵横家文化、法家与纵横家文化之间的关系，是想说明纵横家文化具有极强的影响力和渗透性。在儒家经典和道家文献中，很少见到像纵横家那样敏捷、精细地计较利害、算计得失，赤裸裸地设诡计阴谋,趋利避害的实例也不多见。但是,不能因此说它们没受纵横家文化的影响,也不能因此说它们与《战国策》集中反映的纵横家文化全然无缘。《战国策》所集中反映的纵横家文化是中国元典时代形成的元典文化的内容之一,它是战国时代精神和历史文化中的一个流派。而时代精神和历史文化的作用与影响常常都是在无形、无声中发生的,作用与影响也是慢性的、长期的。儒家、道家和法家受纵横家文化的影响,不在于它们直接从《战国策》中援引了什么,也不在于它们在谋略形式上与其多么相近,而在于文化精神的实质和整体效应。这种文化精神的实质和整体效应需要从三个方面理解:第一,儒家、道家、法家等先秦诸子,乃至秦汉以降的学术流派,无不是立足现实社会,把国家政治和社会治理作为主要研究对象,亦即"百家殊业而皆务于治"(《淮南子·氾论训》);第二,纵横家文化强化了儒家、道家和法家对现实社会的关注,使其本来就有的实用理性精神得到进一步强化;第三,纵横家的长短纵横之术及其实用性,强化了儒、道、法学说自身的谋略化程度。纵横家在文化精神和整体效应上对儒家、道家和法家产生影响是历史的必然,这不仅因为它们都集中定型于中国的元典时代,而且因为它们有着共同的经济基础、社会根源和文化背景,枝叶相交,盘根错节,深植于同一片土壤。它们在学术内容方面辩难、激励、吸收、融合，共同汇成中国文化的大河。

(4) 纵横家文化与文化人

纵横家文化由于自身的特殊魅力和强劲的渗透性，对古代社会中的知识载体文化人也产生了巨大的影响，这种影响主要反映在对文化人本体的影响和对帝王文化策略的影响两个层面。

纵横家文化提倡积极入世，通过智慧趋利避祸、谋求少付出大获取，这是一种很强的社会磁力。这种特殊的磁力很容易就吸引住生活于现实之中的文化人，他们在历史文化典籍中不仅能看到许多纵横家成功的谋略权术，而且受到纵横家积极谋世的强烈实用理性精神的熏染。他们忧国、忧民、忧社稷，看重事业上的成功和功名的建树。有的以治国安天下为己任，怀着宏伟的抱负辅佐帝王驯臣牧民；有的刻苦读书，谋求利禄功名。在纵横家文化魅力的吸引下和实用理性精神的推动下，中国古代的文化人以非常积极的姿态活跃于历史大舞台。

中国古代社会以权力为中心，虽不能说权力就是一切，但权力可以支配一切。在这种大环境下，只有跻身于官僚队伍才能升官发财，才能作用于社会，实现自身的价值。因此进入官僚队伍成了历代文化人的首选目标，不知有多少文化人为此绞尽了脑汁，费尽了心机，甚至不惜采用长短纵横之术,力图用巧妙的智谋权术谋求一官半职。

东汉举孝廉是文化人入仕的途径之一,有人为了取得孝廉的名义而受荐举,想出了不少办法。例如:许武被举为孝廉后,和两个弟弟分家,三份财产自己取最好的一份。两个兄弟算是"悌",也被举为孝廉。此后许武大会宾客,宣布自己使两个兄弟成名的本意,接着又把自己的那份财产分给了两个弟弟,许武也因此而名声大振。又例如:赵宣葬其父母,在墓道中居住守丧,一住就是二十余年,乡人称他是孝子,州郡官屡次请他出山做官,他都不出来,名声愈来愈大。赵宣欲谋求更大的名声和更高的官职,不知见好就收,后来被郡太守陈蕃查出在墓道中生了五个儿子,最后被按惑众欺鬼神的罪名处罚。

许武、赵宣的这类诡计属区区小把戏,虽能蒙混一时却不能蒙混一世,所以从西汉以来,文化人都把读书视为步入官僚队伍、升官发财、实现自身社会价值的最稳妥办法。之所以如此,是因为西汉以来,文化人参政逐渐制度化,相继出现了察举、征辟、举贤良策问等制度。汉武帝"罢黜百家,独尊儒术",设太学,置"五经"博士,招弟子为候补官吏。自此以后,各级官吏多为彬彬文学之士。隋唐以来,随着科举制度的出现,读书与为官二者关系空前地密切了起来,并使"学而优则仕"走向了制度化。在这种社会机制和氛围中,文化人除了发愤读书,其他还能有什么办法！发愤读书是最好的祸福应对，也是最佳的成功谋术。这虽然不能算是长短纵横之术，却是面对现实的祸福对策，与纵横家积极进取的强烈实用理性精神完全相一致。

从帝王的文化策略来看，政治独裁与文化独裁从来都是一致的。中国古代的专制政体，必须用文化专制措施来维护。为维护文化专制，首先要有效地控制住知识的载体——文化人。秦始皇的焚书坑儒、明清时期的文字狱属于消灭政策，是血淋淋的屠杀，算不上是智慧含量很高的谋略，而"学而优则仕"的科举制度则是最能满足专制制度要求的高智慧谋术，它把文化人引上读书做官的道路，使天下的读书人趋之若鹜，主动地成为帝王的掌中之物。唐太宗李世民见考进士的举子们鱼贯入场，高兴地说："天下英雄尽入吾彀中。"时人赋诗一首说："太宗皇帝真长策，赚得英雄尽白头。"(《唐摭言·卷一》)科举制度的谋略性主要从以下几个方面表现出来：

一是优化了官僚队伍的文化素质和文化构成。通过科举考试或其他途径，使大量的文化人进入官僚队伍，使其成为当时整个社会中文化素质最高的阶层。文化人大量涌入官僚队伍，使得中国古代政治生活更富于理性。封建帝王在做重大决策或处理重大政务时，常常会要求文化官僚们分别提出数套方案，以供比较选择。这种做法会使决策的正确性大大提高。同时，科举选士是经常性的工作，可以不断给官僚队伍输入新的成员，带进一些新的生机，为政策的变通提供了可能，从而使中国封建政治具有较强的应变能力。

二是扩大了统治集团的社会基础。科举制度与九品中正制相比较是一种更为优越的选官制度，它重视知识文化，而不是讲究门第出身，为广大庶族地主乃至较富裕的平民敞开了入仕参政的大门。在理论上任何一个人只要发愤读书，就有由升官而发财的机会。这种制度一方面确实使不少出身低微的文化人成为官宦，另一方面使众多文化人的心中总是充满飞黄腾达的希望，一年不成有第二年，两年不成还有第三年，尽管能如愿以偿者十分有限，但心中的希望永不破灭。因此，心怀希望的文化人也都成为专制政权的拥护者。

三是把文化人引上为官而奋斗的道路。科举制度虽然是为专制政府选拔人才，但同时又是测评学问高低的重要手段。在这种制度下，读书、应试、做官、发财四件事紧密联系在一起，读书做官成为文化人的普遍思想倾向。"两耳不闻天下事，一心只读圣贤书"成了文化人的座右铭，应试内容以外的文化知识谁也无暇顾及，只有热衷于"四书五经"，热衷于科举考试，才能出人头地，升官发财，光宗耀祖。为做官而努力读书学习，不能算是绝对的坏事，问题的实质在于它使文化由学术沦落为升官发财的工具，文化人也因此而失去了作为独立认识主体的可能性，他们不敢读考试范围以外的书，不敢自由地思索探讨，最终成为缺乏主体意识的知识载体。以明清为例，洪武三年，明太祖朱元璋与刘基等人制定科举制度，专取四子书及《易》《书》《诗》《春秋》《礼记》五经命题考试。清乾隆皇帝指示方苞选明清两朝名家的八股文，编成《钦定四书文》，并将其作为八股文考试的示范文体。儒家经典和程朱对儒家经典的注疏及其相关言论作为学校课程和科举考试的中心内容，而那些为官而学的文化人只敢照本宣科，鹦鹉学舌，绝不敢联系实际，自由发挥。倘若略有违背孔孟程朱之言者，即使学问再好、文章再妙，也会立刻断送掉自己的前程。

认真地研究中国古代专制政权的文化策略，不能不感慨其谋之精深、计之老道。不见刀光剑影，却使莘莘学子老实就范，全身心地钻研八股，心甘情愿为帝王效力。在这种精深的谋略面前，敢于焚书坑儒的秦始皇恐怕也会自愧不如，长于权术算计的纵横家充其量也不过如此。由于文化人是知识的载体，他们的所作所为和人生轨迹，又会转过来作用于中国传统文化的创制与传承，或多或少会加重传统文化的谋略色彩，凸显对韬略智谋权术的崇尚，在无意识中间接地散播了纵横家文化。

3.纵横家文化与传统处世哲学

重视人、重视人际关系是中国传统文化的特征之一。伴随这个特征而来的是讲究处世哲学,谨慎处理人际关系。由于中国古代纵横家文化以及其他各家文化中谋略因素的长期影响,对人世祸福的洞察和趋利避害的应对,构成传统处世哲学的主要内容。在这种文化背景下产生的处世哲学,是普通人的日常智慧,更是韬略智谋在平民百姓身上和日常生活中的反映。传统的处世哲学又可以分为两个方面:一方面它是一种谋略含量较高的实际能力,一种处世做人的机能与智能结构;另一方面它是一种人生观,一种人生价值取向。从外在看,它是无数民众不言而喻的行为规则;从内在看,它融社会阅历、人生体验、性格气质和生活哲理于一炉。因此,通过对中国传统处世哲学的认识,能更精确、更切实地感受到纵横家文化和其他诸家文化中谋略因素的存在与力量,以及实用理性精神在更广范围内与更深层面中的不息运行。

(1)长短纵横之术向处世哲学的扩散

中国传统文化重视人、重视人际关系,是把人放在伦理道德规范中来认识、考虑和治理的。它首先肯定的不是人的个性、个人的价值,而是个人对其他人的意义,个人与别人、与社会的关系,强调人对他人的功德和对社会的贡献，把人的价值过分地置于与他人的关系之中，而不是自己本身的体现。讲"三纲五常"，谈君臣、父子、夫妻等，都是规定个人和别人应处在一种什么样的关系之中，而忽略了人的权利、人的价值，忽略了对个性的尊重和政府能给予人什么、保障人什么。由于重视人和重视人际关系，中国古代专制政权用心最多的是以驯臣、牧民为重心的治人谋人。治人者、谋人者是人，被治、被谋者也是人，在这样的治与被治、谋与被谋的应对之中，魔高一尺，道高一丈，两者互相碰撞、博弈和刺激，使侧重于处理人际关系和祸福应对的处世智谋畸形发展。

元典时代创制的学说，特别是《战国策》集中反映的纵横家文化，以及其中的长短纵横之术和强烈的实用理性精神，经过2000多年的不断传播发展和对其他学说的影响、渗透，已很自然地融汇为人们的处世智慧。

继元典时代之后，西汉司马迁的《史记》一出，便一发不可收，历代史学家精心撰写的纪传体史书"二十五史"成为中国古代的基本史料。"二十五史"素有"正史"之称，其基本内容殊少有不合乎儒学道统的东西，韬略智谋、权变故事亦比比皆是，其中有治国、平天下的王道谋略，有争权夺利的权术斗争，还有圆滑机敏的处世方法。有学者曾对"二十五史"的智谋故事进行过梳理，典型的谋略故事有千余个。这种筛选仅是初步的典型事例选择，实际上恐怕远非此数。"二十五史"是流行广泛、公认的旧式文化人的必读书籍，其中所含的谋略故事以及谋略文化，给人们带来深刻而久远的影响。这种影响在对应于人际关系和世俗祸福的时候，除转化为聪明的处世哲学外，还能会是什么。

类似于"二十五史"的还有司马光编撰的编年体通史《资治通鉴》。《资治通鉴》的部分战国史料直接取材于《战国策》，且该书深受《战国策》长短纵横之术的影响。有学者从《资治通鉴》中精选出了250个各自独立而又相互联系的谋略故事。这250个谋略故事只是最有代表性的，而绝非谋略故事的全部。更引人注目的是，这些有关战国时期的谋略故事多与其他战国史料的记载相合或相近。《资治通鉴》是北宋政治家、史学家司马光率刘攽、刘恕、范祖禹等人，历经19年的艰辛工作完成的巨著，其目的是"鉴于往事，有资于治道"，内容博大精深，无所不包。千余年以来，官宦商民、文人学士多以它为案头必备之书。它所包含的纵横家文化，也为不同阶层人士所需，或取其治国之韬略，或取其权力之谋，或取其疆场兵法，或取其驯臣牧民之术，或取其处世之道。这些具体的权术谋略不只能给人们以直接影响，更深层次的影响应该是权术谋略所造成的生存场景和文化氛围。

纵横家文化借助于《战国策》、儒家学说、道家学说、法家学说、"二十五史"、《资治通鉴》等文化典籍，把纵横家崇尚智谋、精于权术、长于趋利避祸等长短纵横之术融汇于人们的日常处世哲学之中，冯梦龙的《智囊》一书便是这种融汇的体现。

明代著名通俗文学家冯梦龙编纂《智囊》一书，辑录自古以来运用智术解决困难的智谋故事1 061则，在人生处世等方面给人以启发借鉴。冯梦龙好友张明弼为该书作序说：

> 天地黝黑，谁为照之？日月火也。人事黝黑，谁为照之，智也。天地之智曰日月火，人心之日月火曰智。

冯梦龙在《自序》中说：

> 人有智，犹地有水；地无水为焦土，人无智为行尸。智用于人，犹水行于地。地势坳则水满之，人事坳则智满之。

冯梦龙的《智囊》不只是冯氏对智谋权术的认识，而且是对传统智慧的大总结，体现了中国古代人对人生智慧谋术的构成意识。《智囊》把智能谋术分为上智、明智、察智、胆智、术智、捷智、语智、兵智、闺智、杂智，总计10部28卷。其中"上智"为高档次智谋，分为由小见大的"见大"、深谋远虑的"远忧"、明达消灾的"通简"、迎刃解难的"迎刃"，总计4卷。"明智"为洞幽明哲，分为见微知著的"知微"、预见事情发展的"亿中"、解析疑难的"剖疑"、审时度势的"经务",总计 4 卷。"察智"为明察之谋,分为明察奸情的"得情"和"诘奸",总计 2 卷。"胆智"为胆略决断,分为智勇双全的"威克"和果敢决断的"识断",总计 2 卷。"术智"为诡谋奇计,分为诿伪避祸的"委蛇"、阴谋诡计的"缪数"和权变奇谋的"权奇",总计 3 卷。"捷智"为敏捷应对之智,分为随机应变的"灵变"、应急之智的"应卒"和快速抓住要害的"敏悟",总计 3 卷。"语智"为谈辩智谋,分为能辩善斗的"辩才"和精于语言表达的"善言",总计 2 卷。"兵智"为兵谋智慧,分为不战而胜的"不战"、百战百胜的"制胜"、出奇制胜的"诡道"和灵活变通的"武案",总计 4 卷。"闺智"为妇女智慧,分为聪明机敏的"贤哲"和雄才大略的"雄略",总计 2 卷。"杂智"为其他杂项智谋,分为老谋深算的"狡黠"和小聪明成事的"小慧",总计 2 卷。

《智囊》的智慧谋术构成可以从智慧类型和适应范围两个角度来划分。以智慧类型来分,有深谋远虑、见微识大、审时度势、得情诘奸、胆识决断、灵活应变、阴谋诡计等;以适应范围来分,有政治、社交、处世、应变、经商、谋兵、辩说、闺智等,几乎包含了人生有可能遇到的各种情形。《智囊》的智慧类型和应用范围表明,在古代一般平民的心目中,人生所需要的智谋主要是处世的智谋。

这种智谋面对现实,是生活中时时处处都能体验到的、实用性很强的、冷静理智的应对智慧,而不是不加认真探索、无深层次理性思考和没有深厚哲学底蕴的智谋。尽管儒家、道家的学说中有许多非平民处世所需要的智谋,但是受到唐宋以来的庶族地主当政、科举制度持续推行、儒道两家谋略倾向加强、文化传播手段改进和渠道增加、一般平民文化素质提高等因素的作用,《战国策》集中体现的纵横家文化进一步向平民百姓的处世智谋扩散,各家学说中许多原来就适应于平民处世智谋的东西,经过改造或被当时人给予新的解释,也直接步入平民之中。《论语》中的"和为贵"、"闻过即改"、"见贤思齐"、"三人行,必有我师"、"既往不咎"、"人无远虑,必有近忧"、"小不忍,则乱大谋"、"不在其位,不谋其政"等,都成为妇孺皆知的处世格言。在诸多因素的综合作用下,纵横家文化在平民百姓中的扩散尤为明显。唐杜嗣先奉蒋王李恽之命撰写的《兔园策府》,宋代王应麟的《三字经》,元代许名奎的《劝忍百箴》,元代吴明的《忍经》,明代冯梦龙的《智囊》《喻世明言》《警世通言》《醒世恒言》,明代凌濛初的《初刻拍案惊奇》和《二刻拍案惊奇》,明代洪应明的《菜根谭》,明代刘基的《郁离子》,明代王艮的《明哲保身论》和《勉仁方》,明末程允升的《幼学琼林》,清代的《曾国藩家书》,清代吴敬梓的《儒林外史》,清代李伯元的《官场现形记》,清代吴趼人的《二十年目睹之怪现状》，近代李宗吾的《厚黑学》，等等，都体现了谋略与权术逐渐步入平民社会的发展趋势。上边所列举的那些体裁、形式各异，层次不一的书籍，分别从不同的侧面，用不同的形式总结、阐发和普及了人生处世智谋，有的从正面告诫人们如何明哲处世，有的通过揭露、鞭笞现实生活中的权谋诈术、险恶世道和世态人情，告诉世人锤炼处世哲学的必要性和重要性。在这些书中所体现的谋略形态已不再是神秘莫测、严整周密的王道智谋或兵家诡谋，而是散播于百姓日常生活中的处世格言、简明扼要的警戒和形象生动的劝喻。对于这些随处可见，人人都有切身体会的格言、警戒与劝喻，不少人都为之发出相近的感慨。

谋略权术扩散成为平民百姓的处世哲学，融汇为平民百姓的日常智能结构，其具体内容琐碎、平常，在精致度、深刻程度等方面无法与治国韬略、兵家智谋相比较，但它的影响面、渗透力、社会能量乃至生命力却远非治国韬略、兵家智谋所能比拟。它已经不仅仅是一些谋略权术家的原理法则，也不仅仅是统治集团成员的行为，而是在长期文化积淀的基础之上升腾出来的人生观和人生价值取向，并且成为社会所有成员的应对规则。由于这种处世哲学源于中国古代早期的纵横家文化以及其他学说中的谋略因素，扎根于长期积淀而成的实用理性精神，并成为全体社会成员的普遍观念与行为准则,所以造成了一种必然的谋略氛围,笼罩于整个社会之上,进而转化为难以变易的内在文化精神。换句话说,纵横家文化以及其他学说中的谋略因素通过向处世哲学的渗透、扩散,把谋略权术推到了最大的普及程度,使谋略成为全社会的行为和无处不在的文化现象,对中国古代社会产生了普遍而深刻的影响。

(2)充满智慧和权术的处世哲学

谋略权术不断地向处世哲学渗透、扩散,使传统处世哲学充满了谋略智慧,由对世俗利害、人情冷暖、世态炎凉的感知、感慨,进而审视和概括总结其规律,通过采取相应的对策,最后在概括总结对策机巧的基础上,逐渐上升为相应的人生哲学。

早在先秦时期,就有人主张人性善,有人主张人性恶。事实上,不论是性恶还是性善,中国古代人对具体问题的考虑与处理很难超脱现实利害与世俗利益。有人欲以最小的付出得到最大的收获,有人想窃取他人的果实不劳而获,有人想求得公正,这些想法必然转化为行为。这些观念与行为不同的人们联结成社会,使世俗利害、人生祸福、世态炎凉、人情冷暖等成为每个社会成员都无法回避的问题,从古及今,也不知有多少人为之震颤,为之感慨。例如:"富者得势益彰,失势则客无所之。"(《史记·货殖列传》)"贫穷则父母不子,富贵则亲戚畏惧。"(《战国策·秦策一》)"有茶有肉多兄弟,急难何曾见一人。"(《增广贤文》)"贫居闹市无人问,富在深山有远亲。"(《增广贤文》)"邻富鸡长往,庄贫客渐稀。"(《原上新居》)"世情看冷暖,人面逐高低。"(《水浒传》)"别人求我三春雨,我去求人六月霜。"(《警世通言·桂员外途穷忏悔》)"祸之所生,必由积怨;过之所始,多因忽小。"(《刘子·慎隙》)

对世态的感慨,只是一种情感的宣泄,最要紧的是认识它的规律,寻求对应的良策。长期的实践,长期的思索,人们从中总结出不少成功的对策。例如:"人面咫尺,心隔千里。"(《金瓶梅词话》)"聪明得福人间少,侥幸成名史上多。"(袁枚《遣怀》)"平生最爱鱼无舌,游遍江湖少是非。"(《菜根谭》)"作人无点真恳念头,便成个花子,事事皆虚;涉世无段圆活机趣,便是个木人,处处有碍。"(《菜根谭·概论》)"惟不求利者为无害,惟不求福者为无祸。"(《淮南子·诠言训》)"越聪明越受聪明苦,越痴呆越享了痴呆福,越糊突越有糊突富。"(马致远《半夜雷轰荐福碑》)"有钱可以通神。"(《水浒传》)有关世态规律对应良策的总结认识远不只是这些,有不少相关的书籍、短文,也有更多广为流传的民谣、格言。

长期的处世实践与思索,经常萦绕于脑海的对应策略,经过无数人长时期的积淀与升腾,总结世俗利害和人生祸福的应对机巧,很自然地上升为与之相应的人生哲学。由于"文籍虽满腹,不如一囊钱"(赵壹《秦客诗》),所以深信"有钱能使鬼推磨";由于"金满仓,银满箱,转眼乞丐人皆谤"(《红楼梦》),所以重视对金钱的追求;由于"枪打出头鸟",所以"随大流";由于"凡事不可太认真,亦不可不认真",所以"外圆内方";由于"聪明常被聪明误",所以"糊涂";由于"天有不测风云,人有旦夕祸福",所以"听天由命"。应对机巧与处世态度的有机统一,构成了中国古代人相对独立性较强的人生哲学,成为指导处世的基本原则。

在纵横家文化以及其他学说中谋略因素影响下逐渐形成的传统处世哲学,又体现为一些带有必然性和普遍意义的方法。

精于算计,善于谋划,是纵横家文化的重要精神,在纵横家文化及其他学说中的谋略因素向处世哲学扩散渗透过程中,精于算计的处世方法首先成为被普遍接受的规则,事无巨细,人无老幼男女,均在算计与被算计之中。算计有高明与粗俗之分,直接与间接之别。斤斤计较,锱铢必争是粗俗的直接算计,而信奉《老子》的守愚、不争、清静无为,恭行儒学仁术的高水平算计,在日常处世之中表现为保守、外愚等。表面愚笨、不为天下先、乐善好施、爽快豁达往往是高水平的间接算计。最发达的算计体现在中国古代的封建官场，尔虞我诈、虚伪做作、口蜜腹剑、狡诈圆滑、见风使舵、阿谀奉承等等，都是封建官僚娴熟练达的算计手段。

由于人人、事事都在算计与被算计之中，人的自我保护意识和保护方法也随之发达起来。精于算计以个人利害得失、个人祸福吉凶为最高法则，面对自己算计成功而别人万分悲痛，或自己遭到他人算计而痛苦不堪时，自我保护意识会陡然增强。在需要挺身而出、承担责任或风险时，概率最大的是选择损人而利己、舍公义而全己身的自我保护；或是选择毫无是非之心、毫无正义之感、毫无勇气的麻木不仁，这是水晶球般圆滑的自我保护。这种自我保护不是正常维护合法权益，而是以自我为中心、以自我利益为根本、以损人害人为手段的自私行为。仁义道德、勇于献身等冠冕堂皇的东西都只是自我保护的借助方式。在这种自我保护心态的支配下，常见到这么几种自我保护行为：出于个人得失的认真算计、随大流、看热闹、不冒险、不伸头、关键时刻要滑头；胜败未卜时袖手旁观，大局已定时一拥而上，对失败者落井下石，对胜利者献媚颂德；任何时候、任何情况下都正确，永远在冒险的激流之外，永远在得利的行列之中；等等。

由于惯常以算计之心处世，严谨的防范措施接踵而来。严谨的防范与自我保护的不同之处在于，防范是以自身的行为严谨为基点的防祸，防祸从口出，防忽略粗心，防微杜渐，防得意忘形，防泄露心机，防听他人秘密，防功高震主，防锋芒毕露，防结怨伤人等。"害人之心不可有，防人之心不可无。"(《增广贤文》)"逢人且说三分话，未可全抛一片心。"(《增广贤文》)"怠慢忘身，祸灾乃作。"(《荀子·劝学》)"患生于多欲，害生于弗备。"(《淮南子·缪称训》)"祸不入慎家之门。"(王勃《平台秘略赞十首·规讽九》)"骄奢生于富贵，祸乱生于疏忽。"(《资治通鉴·太宗贞观十二年》)……传统处世哲学有关严谨防范，杜绝引火烧身的防祸格言非常之多，其中不乏富于哲理的精品。

谨慎小心地防范的结果是把自己的心灵紧紧地关闭起来，在做事、与人交往打交道时，不轻易表态，不露心，不显情，不倾诉，不以真心本心待人，而是用"你好、我好、大家都好"的方式处世待人。因此，在防范心态的支撑下便生出极为厚重的心理面具，把自己的真实思想或对人物、事情的真实看法严严实实地包裹起来，小心谨慎，含而不露，"逢人说人话，见鬼说鬼话"，就是不能说真心话。这种紧锁心灵秘密的心理面具是一种使人郁闷、压抑的心态，也是一种道地的趋利避祸的处世智谋。

传统的处世哲学中充满了谋略智慧，不少处世格言凝聚着简单而又深刻的道理，它能使人在错乱纷争中保持头脑清醒，理智应对，智谋权术和实用理性精神在这里不仅得到了充分的发挥，而且还得到了充实、发展与普及。

从传统的处世哲学的基本精神来看，它所体现的精神态度是较消极的。在认识了世态炎凉、人情冷暖后，不是积极地去改变这种现实，而是在毫不触动现实的前提下来改造自我，适应环境。亦即是说，在认识到人情冷暖、世态炎凉之后，所使用的对策是以同样的冷暖之心、炎凉之情应对人情；在洞察祸福变化规律之后，强调的是对这种规律的适应而不是干预改造；在明白"枪打出头鸟"的规则之后，应对方式是持中庸，随大流；在看清世情圆滑、世道险恶之后，对应的是圆滑灵巧。总而言之，适应世态现状，顺从祸福规律，以同样的狡诈、圆滑、忍让、通达之心加入这种世俗规则的循环，是传统处世哲学的基本法则。由于明察世道祸福运行规则的出发点不是抗拒它、改造它，而是以利用、认同的方式加入这种规则，所以对世道祸福运行规则认识的人越多、认识得越深刻，这种规则的能量就越大，运行范围就越广阔，这种规则就越难改变，造成一种所有人都不容易冲出的怪圈。在混世、随世、与世沉浮成为传统处世哲学普遍强调的处世方式的基础之上，又将日常的应对机巧、处世方式上升为人生观，视趋利避祸、明哲保身、乐天知命、忍让守愚、外圆内方等为人生的目的与价值。

由于这种人生观与价值观的实质是自私与自保，会使人们的超拔奋起之心荡然无踪，浑浑噩噩、碌碌无为就成为许多人的生存状态。

传统处世哲学中的消极精神，如圆滑处世、守愚忍让等还有另一层面的作用。它虽然不是以对抗传统处世哲学姿态出现的，也不可能对传统处世哲学进行脱胎换骨的改造，但是由于它是以被动防守为基点，以自我克制为方式，可以在一定程度上缓解人与人之间的利害冲突，或者使冲突以温情的形式出现。

传统处世哲学智谋化，特别是当它转化为处世应对机巧之后，又进而散播为芸芸众生的人生观和处世智慧，成为一种无处不在、无时不有的信念和精神时，智慧谋略及权术便同中国古代人的生活方式水乳交融，化为一体。在每个有生命的社会个体身上，都不同程度地存在谋略精神和比谋略更深刻的实用理性精神。这种文化与精神借助于传统处世哲学，能以超越时空的形式传播，即使没有文字，没有书籍，它仍能世代相传。传统处世哲学的优劣难以用简短的语言评说，但它对纵横家文化以及其他学说中的谋略因素的传播与扩散，起着举足轻重的作用，并使其具有强烈的持续性与恒久性。

4. 纵横家文化酿成的《战国策》文学艺术

战国时期的思想解放，士阶层的活跃，纵横家的游说奔走，诸家学派各抒己见、著书立说，带来了文风的创新。反映战国纵横家风貌与时代精神的《战国策》，同样也体现着积极谋世的精神，并形成与之相应的文学艺术风格。胸怀经纶的纵横之士以说为媒，积极献计献策，为了使自己的主张被国君权贵采纳，不仅要有历史、地理、政治、军事等方方面面的知识，精通时事与各国之情，而且还需要有所向无敌的论辩技巧。不论是倾人之城、谋人之国，还是排难解纷、却敌解危，不论是单方面的陈述分析，还是双方面对面的说辩质疑，都需要经过苦心揣摩和反复锤炼。他们的游说之辞，或者雄辩奇警、气势磅礴，或者旁征博引、条分缕析，或者曲折迂回、巧设机彀，或者危言耸听、故作惊人，都力求做到内容上审时度势、切中要害，表达上说服力大、鼓动性强，表现出一种真理在握、胜券稳操、睥睨一切的宏伟气魄。由此，产生了崭新的文风。

《战国策》的文学艺术价值不仅世所公认，而且被赞叹不绝。有人说它"繁辞瑰辩，烂然盈目"，有人说它"辩丽横肆，亦文辞之最"。南朝文艺理论家刘勰说："战代任武，而文士不绝。诸子以道术取资，屈宋以《楚辞》发采，乐毅报书辩以义，范雎上疏密而至，苏秦历说壮而中，李斯

自奏丽而动。若在文世,则扬班俦矣。"(《文心雕龙·才略》)

(1)纵横家文化与《战国策》的文学艺术

《战国策》体现的新文学风格,像纵横家文化与战国时代精神一样,内容丰富,特色独具。

从《战国策》的整体结构来看,由于战国时期形势复杂多变,社会活动内容无奇不有,谋略之士所辅佐的国君、权贵情况各异,所以文章风格多样化是其主要特点。

在《战国策》中有长篇说辞和论辩,例如《秦策一》的《张仪说秦王》、《司马错与张仪争论于秦惠王前》,《齐策五》的《苏秦说齐湣王》,《齐策六》的《燕攻齐,取七十余城》,《赵策三》的《秦攻赵于长平》等,都是淋漓尽致、博辩精微,逻辑完整严密,道理明晰透辟,表现出游说者和作者的高超组织能力。然而,《东周策》的《温人之周》,《齐策一》的《靖郭君将城薛》,《齐策三》的《孟尝君出行国,至楚》《淳于髡一日而见七人于宣王》,《楚策三》的《苏秦之楚》,《楚策四》的《有献不死之药于荆王者》等短小篇章,亦是妙语横生,意味隽永,幽默中见机锋,短小中见睿智,显示出了当事者的滑稽多智。与此相反,《魏策四》中的《秦王使人谓安陵君》写的是唐雎不辱使命,与秦王当面进行针锋相对的斗争。秦王以"天子之怒"来恫吓唐雎,唐雎则以"布衣之怨"来回敬。同是与君主对话议论,也有雍容徐缓、开诚布公、推心置腹者,如《楚策一》的《威王问于莫敖子华》《赵策二》的《武灵王平昼闲居》,或是开导君王,或是君诚谕臣下,气氛都是那么宽松从容。开导君王又可以用另外一种形式,《楚策四》的《庄辛谓楚襄王》通过形象说理,用铺陈的手法、清新婉丽的语言,生动写出蜻蛉、黄雀等悠然、自得其乐而不知后患的情态,被称为《战国策》中的"策赋之流"。《燕策二》的《昌国君乐毅为燕昭王合五国之兵而攻齐》、《燕策三》的《燕王喜使栗腹以百金为赵孝成王寿》以长篇书信的形式,剖析事理,表明心迹,写得深沉蕴藉、委婉动人,都不愧为优秀之作。这种文章风格各异、形式灵活多姿的整体结构,恰到好处地承载了战国社会的内容,反映了战国纵横家的才华横溢。

从故事情节来看,《战国策》的许多篇章都有典型而生动的故事情节。与《左传》等先秦文献相比较,《战国策》的一些篇章别开生面,增加了故事情节的戏剧性,并使其带有浓厚的小说色彩,读起来使人兴趣盎然,如临其境。《赵策四》的《赵太后新用事》,故事情节细腻生动,以曲折、细致入微的笔法,绘声绘色地描写了触龙的举止和他与赵太后切入正题之前的唠嗑。左师触龙受众臣的委托进见赵太后,目的是说服赵太后令其子长安君为人质于齐。从进见的开始到最后说服赵太后,采用的都是迂回曲折、渐近主题的方法：先谈饮食、行路，表示对赵太后的关心和同龄人之间的共同感受，从而使紧张的气氛急速缓和，然后触龙请求赵太后允许让他的幼子"补黑衣之数，以卫王宫"，用老牛舐犊之情打动赵太后的心。两位老态龙钟的老者，在为自己幼子做打算方面是相通的，使赵太后盛怒渐消。接着触龙又用爱子需从长计议的道理，使赵太后欣然应允长安君为人质于齐。这篇短文故事情节曲折完整，极富小说色彩。《齐策一》的《邹忌修八尺有余》，描述的是邹忌与城北徐公比美，邹忌通过与妻、妾、客的三问三答明白了自己受蒙蔽的原因，并从中得到了启迪，悟出治国的大道理。邹忌以这个道理谏齐威王纳贤，使齐国大治。从邹忌与城北徐公比美到邹忌进谏，情节层层展开，步步深入，从生活细节到齐国大治，既生动又严密。《齐策四》的《齐人有冯谖者》，写冯谖"贫乏不能自存"，寄食于孟尝君门下为客，自诩"无好"、"无能"，却又三次弹剑而歌，索要鱼、车和养家之资。当他自告奋勇去薛地收债时，只说了"能"、"愿之"三个字，然后到薛地焚债券"市义"而归。最后写冯谖为孟尝君两游魏国，请高宗庙于薛，终为孟尝君营造成"三窟"。从此，孟尝君高枕无忧，为相数十年而"无纤介之祸"。一系列的活动，始终以孟尝君与冯谖相对比，抑扬有致，曲折有致，再现了各种充满生活气息的场面，展示出冯谖与孟尝君、其他门客、薛地人民等复杂关系的图景。故事情节波澜起伏，引人入胜，给人留下难以忘怀的印象。《战国策》中典型而生动的故事情节是战国纵横家复杂活动的写实，反映了他们的机智聪慧、计谋周全、善于游说表述。

从人物刻画来看，《战国策》细致而形象地刻画了大量的历史人物，其中纵横家的形象最突出鲜明。据初步统计，《战国策》描写的各种人物有数百个，栩栩如生者比比皆是。与《左传》等相比较，人物形象更加生动，人物个性更为鲜明。如苏秦、张仪、冯谖、聂政、荆轲、鲁仲连、庄辛、触龙、邹忌、范雎等人物，个个独具特质，个性十足。《秦策一》的《苏秦始将连横》，精心刻画了苏秦这个大纵横家的复杂性格。他聪明有知识，刻苦自知，善于雄辩，精于世故，但他的根本追求是功名利禄，为了取得高官厚禄，连横不成即合纵。苏秦的这种性格特征，可以说是当时那些追逐功名利禄的纵横家的典型代表。荆轲、聂政是《战国策》浓墨刻画的重义轻生之侠士。尽管两人都是为知遇者刺杀政敌，但是性格有别：荆轲沉着、机智、倔强而又冷漠；聂政纯孝、仁厚、爽直而又勇于决断。由于《战国策》的成功刻画，其主要人物形象鲜明、动人心魄、魅力无穷，许多都在人们心目中成为不朽的形象。《战国策》长于历史人物的刻画，主要得力于作者的高水平艺术造诣，但最根本的原因是战国时代的特殊社会环境造就了无数具有鲜明个性特色的人物。《战国策》中那些神态活现、个性突出的历史人物,反映了战国时期人们的个性解放程度与人才济济的壮观景象。

战国纵横家的游说、论辩和为谋等都需要以语言为媒介,《战国策》思想的表述、典型生动的故事情节、细致而形象的人物刻画等都同样是借助于语言。因此,高超的语言表达成为《战国策》文字艺术特色的制高点:

第一,放言无惮,直言不讳。战国纵横家们思想活跃,思维敏捷;考虑问题,思想解放,无拘无束;设计谋略,不拘一格;施用权术,出人意料。他们在用语言表述时自然也是无所顾忌,直言不讳,肆意发挥。

《秦策一》写苏秦说秦落荒而归,受家人冷遇,发愤读书谋求富贵时说:

> 读书欲睡,引锥自刺其股,血流至足,曰:"安有说人主不能出其金玉锦绣,取卿相之尊者乎!"

写苏秦说赵成功,衣锦还乡受家人欢迎时说:

> 将说楚王,路过洛阳。父母闻之,清宫除道,张乐设饮,郊迎三十里。妻侧目而视,倾耳而听。嫂蛇行匍伏,四拜自跪而谢。苏秦曰:"嫂何前倨而后卑也?"嫂曰:"以季子之位尊而多金。"苏秦曰:"嗟乎!贫穷则父母不子,富贵则亲戚畏惧。人生世上,势位

富贵,盖可忽乎哉!"

这些语言与感情表达都是毫不掩饰,无所忌讳,直截了当,写出了苏秦这类纵横之士心灵深处的情感。

《韩策二》写韩臣尚靳入秦求援解雍氏之围时,秦宣太后对尚靳说:

> 妾事先王也,先王以其髀加妾之身,妾困不疲也;尽置其身妾之上,而妾弗重也。何也?以其少有利焉。今佐韩,兵不众,粮不多,则不足以救韩。夫救韩之危,日费千金,独不可使妾少有利焉?

这段话说得很不文雅,作为太后竟当众以自己的床笫之事为喻,向韩国索要发兵救援的报酬。如此坦直乃至不顾羞耻的语言在《左传》《国语》等书中是不多见的。

第二,耸人听闻,情真意切。为了说动君王权贵,不仅要情真意切,更要使君王认为"持急持危",舍此绝无良策。因此战国纵横游说之士在游说献策时常常是危言耸听,情真意切。《秦策三》写秦王庭迎范雎,秦王三问而不答,最后范雎才说:

> 臣非有所畏而不敢言也,知今日言之于前,而明日伏诛于后,然臣弗敢畏也。大王信行臣之言,死不足以为臣患,亡不足以为臣忧,漆身而为厉,被发而为狂,不足以为臣耻。五帝之圣而死,三王之仁而死,

五伯之贤而死，乌获之力而死，奔、育之勇焉而死。死者，人之所必不免也。处必然之势，可以少有补于秦，此臣之所大愿也，臣何患乎？

伍子胥橐载而出昭关，夜行而昼伏，至于菱水，无以饵其口，坐行蒲服，乞食于吴市，卒兴吴国，阖闾为霸。使臣得进谋如伍子胥，加之以幽囚，终身不复见，是臣说之行也，臣何忧乎？

箕子、接舆漆身而为厉，被发而为狂，无益于殷、楚。使臣得同行于箕子、接舆漆身可以补所贤之主，是臣之大荣也，臣又何耻乎？臣之所恐者，独恐臣死之后，天下见臣尽忠而身蹶也，是以杜口裹足，莫肯即秦耳。足下上畏太后之严，下惑奸臣之态，居深宫之中，不离保傅之手，终身暗惑，无与照奸；大者宗庙灭覆，小者身以孤危，此臣之所恐耳！若夫穷辱之事，死亡之患，臣弗敢畏也。臣死而秦治，贤于生也。

范雎的这段话，危言耸听，言辞淋漓酣畅，委婉周密而又恳切动听，好像生死早已置之度外，誓为秦国披肝沥胆。在这种言辞面前，秦王不能不为之感动。

《韩策一》写苏秦游说韩王合纵，在强调韩国河山险阻、兵器精良之后，话锋急转：

>夫以韩之劲与大王之贤,乃欲西面事秦,称东藩,筑帝宫,受冠带,祠春秋,交臂而服焉。夫羞社稷而为天下笑,无过此者矣。是故愿大王之熟计之也。大王事秦,秦必求宜阳、成皋。今兹效之,明年又益求割地。与之,即无地以给之;不与,则弃前功而后更受其祸。且夫大王之地有尽,而秦之求无已。夫以有尽之地而逆无已之求,此所谓市怨而买祸者也,不战而地已削矣。臣闻鄙语曰:"宁为鸡口,无为牛后。"今大王西面交臂而臣事秦,何以异于牛后乎?夫以大王之贤,挟强韩之兵,而有牛后之名,臣窃为大王羞之。

苏秦的这段话以韩为秦之"牛后"的耸听之言触动了韩王的自尊心,使韩王"忿然作色,攘臂按剑,仰天太息曰:'寡人虽死,必不能事秦。今主君以楚王之教诏之,敬奉社稷以从'"。

第三,气势雄伟,纵横驰骋。由于战国时期的特殊环境,尊士之风甚盛,纵横之士备受青睐,而他们自身也是充满了自信与自爱,在游说、施谋为权之时,语言铿锵有力,英伟之气十足。

《齐策一》写苏秦说齐宣王合纵,描写齐都城临淄的繁荣富庶说:

>其民无不吹竽、鼓瑟、击筑、弹琴、斗鸡、走犬、

六博、蹹踘者；临淄之途，车毂击，人肩摩，连衽成帷，举袂成幕，挥汗成雨，家敦而富，志高而扬。

尽管这仅是在描绘齐都临淄的景象，但它给人一种磅礴的气势，使人感受到临淄蒸蒸日上的气象。

《秦策一》写张仪说秦王，在列举了秦王的众多过失之后，说：

> 今秦地断长续短，方数千里，名师数百万，秦国号令赏罚，地形利害，天下莫如也。以此与天下，天下可兼而有也……

> 臣昧死望见大王，言所以一举破天下之从，举赵亡韩，臣荆、魏，亲齐、燕，以成伯王之名，朝四邻诸侯之道。大王试听其说，一举而天下之从不破，赵不举，韩不亡，荆、魏不臣，齐、燕不亲，伯王之名不成，四邻诸侯不朝，大王斩臣以徇于国，以戒为王谋不忠者。

遵照张仪的方案，秦是否能"成伯王之名"恐怕需要讨论，但其思想解放、敢想敢说、无拘无束，是很有气势的。

第四，细腻、具体、形象。战国纵横家的为谋活动，是需要认真观察、仔细研究、精心设计的智慧运作，在表述阐发智谋、观点时，语言细腻、具体、形象，不仅能准确地表达智谋的设计，而且还会增加感染力和鼓动性。基于此,他们逐渐形成了自己的语言特色。《楚策四》的《汗明见春申君》,通过骥的形象写贤能之士怀才不遇的悲怨和亟盼知己的热切:

> 君亦闻骥乎?夫骥之齿至矣,服盐车而上太行。蹄申膝折,尾湛胕溃,漉汁洒地,白汗交流,中阪迁延,负辕不能上。伯乐遭之,下车攀而哭之,解纻衣以幂之。骥于是俯而喷,仰而鸣,声达于天,若出金石声者,何也?彼见伯乐之知己也。今仆之不肖,厄于州部,堀穴穷巷,沉洿鄙俗之日久矣,君独无意湔拔仆也,使得为君高鸣屈于梁乎?

这段文字,如自肺腑喷薄而出,声情并茂,绘声绘色,骥的神与形跃然纸上,读者无不为之动容。

《秦策一》的《苏秦始将连横》,写苏秦西说强秦落魄而还:

> 说秦王书十上而说不行。黑貂之裘弊,黄金百斤尽,资用乏绝,去秦而归。羸縢履蹻,负书担橐,形容枯槁,面目犁黑,状有愧色。

寥寥数语,把苏秦失败后的狼狈相描写得淋漓尽致,如见其人。一个穷困潦倒、面带菜色、形神憔悴的苏秦似乎迎面走来。

第五,引譬设喻,长于寓言。战国纵横家在游说论辩时,为了把理讲得深入浅出,让所讲之理鲜明警醒而富有启发性,特别善于使用通俗易懂的比喻和富于哲理的寓言。

《战国策》的比喻,或用人事,或用植物、动物、器用、自然现象,似乎都是信手拈来,贴切自然,生动活泼。《楚策四》的《庄辛谓楚襄王曰》堪称这方面的典型:

> 庄辛谓楚襄王曰:"君王左州侯,右夏侯,辇从鄢陵君与寿陵君,专淫逸侈靡,不顾国政,郢都必危矣。"襄王曰:"先生老悖乎?将以为楚国袄祥乎?"庄辛曰:"臣诚见其必然者也,非敢以为国袄祥也。君王卒幸四子者不衰,楚国必亡矣。臣请辟于赵,淹留以观之。"庄辛去,之赵,留五月,秦果举鄢、郢、巫、上蔡、陈之地,襄王流掩于城阳。于是使人发驺,征庄辛于赵。庄辛曰:"诺。"
>
> 庄辛至,襄王曰:"寡人不能用先生之言,今事至于此,为之奈何?"
>
> 庄辛对曰:"臣闻鄙语曰:'见兔而顾犬,未为晚也;亡羊而补牢,未为迟也。'臣闻昔汤、武以百里昌,桀、纣以天下亡。今楚国虽小,绝长续短,犹以数千里,岂特百里哉?王独不见夫蜻蛉乎?六足四翼,飞翔乎天地之间,俯啄蚊虻而食之,仰承甘露而饮之,自以为无患,与人无争也。不知夫五尺童子,方将调饴胶丝,加己乎四仞之上,而下为蝼蚁食也。

"蜻蛉其小者也，黄雀因是以，俯噣白粒，仰栖茂树，鼓翅奋翼，自以为无患，与人无争也。不知夫公子王孙，左挟弹，右摄丸，将加己乎十仞之上，以其颈为招。昼游乎茂树，夕调乎酸咸，倏忽之间，坠于公子之手。

"夫黄雀其小者也，黄鹄因是以。游于江海，淹乎大沼，俯噣鳝鲤，仰啮菱蘅，奋其六翮而凌清风，飘摇乎高翔，自以为无患，与人无争也。不知夫射者，方将修其碆卢，治其矰缴，将加己乎百仞之上。彼礛磻，引微缴，折清风而抎矣。故昼游乎江河，夕调乎鼎鼐。

"夫黄鹄其小者也，蔡圣侯之事因是以。南游乎高陂，北陵乎巫山，饮茹溪之流，食湘波之鱼，左抱幼妾，右拥嬖女，与之驰骋乎高蔡之中，而不以国家为事。不知夫子发方受命乎宣王，系己以朱丝而见之也。

"蔡圣侯之事其小者也，君王之事因是以。左州侯，右夏侯，辇从鄢陵君与寿陵君，饭封禄之粟，而载方府之金，与之驰骋乎云梦之中，而不以天下国家为事。不知夫穰侯方受命乎秦王，填黾塞之内，而投己乎黾塞之外。"

襄王闻之，颜色变作，身体战栗。于是乃以执珪而授之为阳陵君，与淮北之地也。

这段文字,引喻的动物有蜻蛉、蚊虻、蝼蚁、黄雀、黄鹄、鲤等,可谓形象鲜明,语言流利,气势充沛。

《战国策》的寓言故事富于哲理,形象生动。《齐策三》的土偶人与桃梗相与语,是苏秦欲止孟尝君入秦时讲的一个鬼事寓言:

> 今者臣来,过于淄上,有土偶人与桃梗相与语。桃梗谓土偶人曰:"子,西岸之土也,埏子以为人,至岁八月,降雨下,淄水至,则汝残矣。"土偶曰:"不然。吾西岸之土也,吾残则复西岸耳。今子,东国之桃梗也,刻削子以为人,降雨下,淄水至,流子而去,则子漂漂者将何如耳。"

> 今秦四塞之国,譬若虎口,而君入之,则臣不知君所出矣。

《燕策二》的"鹬蚌相争",是苏代说赵惠王勿伐燕而讲的寓言:

> 今者臣来,过易水,蚌方出曝,而鹬啄其肉,蚌合而拑其喙。鹬曰:"今日不雨,明日不雨,即有死蚌。"蚌亦谓鹬曰:"今日不出,明日不出,即有死鹬。"两者不肯相舍,渔者得而并禽之。

> 今赵且伐燕,燕、赵久相支,以弊大众,臣恐强秦之为渔父也!故愿王之熟计之也。

类似这样的寓言,《战国策》颇多,前文曾引用的"狐假虎威"、"画蛇添足"、"南辕北辙"、"惊弓之鸟"等,都是流传久远、妇孺皆知、脍炙人口的寓言。

引譬设喻,长于寓言,不单单是战国纵横家思维方式的反映,而且还具有很大的实用价值,它把谋划极深、不易用简明语言表述的抽象道理形象化,使游说、论辩、施谋略为权时的阐述更有说服力,更易于被人接受,并因此而成为制胜法宝之一。

《战国策》的文学艺术特色是时代历史文化的产物,从文学艺术这个特殊的侧面反映了纵横家文化和时代的精神。文章风格多样化,故事情节生动典型,人物刻画细腻形象,以及很有特色的语言表达,无疑是《战国策》在文学艺术方面的新成就。同时,由于战国纵横家往往以说为媒,他们在设计谋略、实施权术的过程中,既要认真思考谋略本身,还要用心于谋略的阐述,字斟句酌成为谋略中的重要一环,因此不能不说《战国策》的文学艺术特色是纵横家文化的折射。

(2)《战国策》的文学艺术与纵横家文化的传播

"文史不分家"是一个老话题,可它又是一个恒久不衰的话题。《战国策》的文学艺术价值对中国的史学和文学都有相当大的影响。在中国史学和文学发展史上,《战国策》是一部承前启后的著作,它创造性地继承了《左传》的史学和艺术成就,又给后代的史传散文与议论文带来了巨大而深远的影响,显示出多方面的历史价值。

史传散文的发展经历了一个由简到繁的历程。我国较早的历史文献《尚书》文字艰深晦涩,"周诰殷盘,诘屈聱牙"。《春秋》突出"一字寓褒贬",记事简明精严,缺乏文学性的描写。《左传》是史传散文的一次飞跃,其行文严谨而曲折多姿,其情节梗概细节有致,其人物既有共性又有个性。《战国策》对《左传》的这些成就进行了创造性的吸取与发展。由于《左传》是编年体例,一般只是在记事过程中用生动的片段和精约的文字来点染刻画人物,而《战国策》则是史家之笔兼纵横家之辞,往往通过完整丰满的情节和铺张扬厉的语辞来塑造人物形象。

游说之辞在《战国策》中比重特大,虽然《左传》的行人辞令已有较高水平,郑子产能言善辩,巧于应对,不辱使命,透露出行人辞令向游说之辞发展的迹象,但是不能与《战国策》同日而语。《左传》中的行人辞令受时代礼法信义约束,赋诗言志,天道灾祥,雍容典雅,简约矜持。《战国策》中的纵横家之说辞,面对现实,英奇犀利,直陈利害,通俗活泼,畅所欲言,表现出战国纵横家奋发向上、自尊自信、思想活跃、谋略层出、慧如涌泉的风貌。《战国策》的思想内容受后儒的抨击,可它的文学艺术价值被人们赞叹不已。明朝李梦阳在《刻战国策序》中分析"《战国策》叛经离道之书也,然而天下传焉,后世述焉"的原因,总结出了四点:"录往者迹其事,考世者证其变,工文者模其辞,好谋者袭其智。袭智者谲,模辞者巧,证变者会,迹事者该。"这就是说,《战国策》文学艺术成就对后代的史学、文学的发展和纵横家文化的长期传播等都有直接的作用。

秦汉之际乃至汉初,专务谋略的长短纵横之学仍为显学,战国权变谋略之风不绝,并出现一些模仿的人物和著作。这种情况进一步表明《战国策》以及其思想、文风仍为当时士大夫经常学习的资料,可以说《战国策》对汉代的文风产生了巨大的影响。汉初政论家贾谊、晁错的文章,旁征博引,条分缕析,"疏直激切,尽所欲言"(鲁迅《汉文学史纲要》),与《战国策》的风格颇为相似。汉代以书信陈情说理者也多了起来,邹阳的《谏吴王书》、《狱中上梁王书》,李陵的《答苏武书》等,感情饱满,文气磊落,隐约可见《战国策》长篇书信陈情说理之风。汉初辞赋家枚乘的代表作《七发》被称为散体赋的开端,其在表现手法上与《战国策·楚策四》的《庄辛谓楚襄王曰》非常相似,不能说两者之间没有渊源关系。

在四六文风行文坛的背景下,从西晋夏侯湛开始,酝酿已久的古文运动逐渐兴起,到中唐韩愈时已成波澜壮阔之势。唐宋的古文家在谈论散文发展源流，以及古代散文对后世和他们本人的影响时，不大提及《战国策》，然而在他们的写作实践中，风格与方法上都在不同程度、不同侧面受益于《战国策》。《新唐书·韩愈传》说古文运动的主将韩愈"与孟轲、扬雄相表里，而佐佑六经"，只讲《孟子》而不提《战国策》。事实上《孟子》的文章犀利雄辩，气势凌厉，富于感情，善于形象，自然生动，本身带有浓郁的谋士游说气息。吕璜在《初月楼古文绪论》中认为："《孟子》乃文章之最爽者，《史记》《战国策》亦然。西汉初年文章之高者犹有周秦气，亦正以其爽耳。"既然《孟子》《战国策》和《史记》三者在文章风格上有相近之处，韩愈的文章不能不受《战国策》的影响。张裕钊在评论韩愈的《答吕翳山人书》时，明确指出："此文生杀出入，擒纵抑扬，奇变不可方物。""笔力似《孟子》，机趣似《国策》。"（高步瀛《唐宋文举要》）韩愈的其他评论性作品如《诤臣论》等的那种大开大合的布局，一正一反的论证，明快恣肆的语言，也应该说是受到了《战国策》的影响。

宋代苏洵因文章奇峭雄拔，"博辩宏伟"，"纵横上下，出入驰骤"（欧阳修《故霸州文安县主簿苏君墓志铭》）的风格，受到欧阳修的赏识而被荐于宰相韩琦，授秘书省校书郎之职。一时之间，学者竞效苏洵之文章，苏洵文章恰似《战国策》的基本特色。苏洵对自己与《战国策》的关系从不忌讳,他高度评价战国说客的游说技巧,在《谏论》中列举触龙、甘罗、鲁仲连、苏秦、范雎等人为例,认为他们的游说进言之术,莫善于"机智勇辩,如古游说之士而已",并说"苏秦、张仪,吾取其术,不取其心,以为谏法"。浦起龙评论苏洵说:"盖欲以苏、张之术,济孟、韩之道。"(《古文眉诠·抄例》) 明代的茅坤、清代的姚鼐等人也都指出苏氏父子的文章风格由来于《战国策》,这在苏洵的《权书》和《机策》中的部分篇章和苏轼的一些策论、史论中都有明显的体现。

《战国策》不是小说,但因其自身的文学艺术特色,对后来的小说和戏剧都有一定的启发。同时,《战国策》中的许多谋略权变故事和人物,为后代小说乃至戏曲的创作提供了有意义的素材,成为一些小说的叙述对象。

文学艺术是人们喜闻乐见的文化形式之一,是一定社会生活在人们头脑中的反映的产物,它的影响和作用不只是语法、修辞、文风,更重要的是其中所含的文化现象。《战国策》同样是如此,它的内容因有悖于儒学而受到排斥,但它的文学艺术魅力弥补了这方面的不足。《战国策》的文学艺术价值犹如强健的双翼,把它所包含的纵横家文化进行了跨越时空的传播。人们在接受其文学艺术养分的同时,下意识地接受了它的纵横家文化以及纵横家文化所强调的实用理性精神。所以,探求《战国策》思想体系的影响，应该充分注意到它的文学艺术。中国的古典名著《红楼梦》《三国演义》《水浒传》《西游记》等都是充满谋略权术的章回小说。《红楼梦》第五回说"世事洞明皆学问，人情练达即文章"，实质是对人生谋略、处世哲学的高度概括。《三国演义》塑造艺术形象的最重要特征是智谋权术，《三国演义》一出，诸葛亮成了世人心目中的智谋化身，魏、蜀、吴三国鼎立与较量，不只是经济、国家实力的比较，更是智谋的角逐。《水浒传》的一百单八将各领风骚，但真正左右全局的乃是"及时雨"宋江和"智多星"吴用。宋江是个貌似憨厚的弱者，实际上却是胸怀宏韬伟略的大谋略家。吴用武功有限，计谋却层出不穷。《水浒传》是描写宋代农民起义，以武装斗争为主的章回小说，但其中谋略权术的争斗往往被视为胜败的关键。《西游记》是部志怪神魔小说，叙述唐僧赴西天取经，徒弟孙悟空、猪八戒和沙僧一路降妖伏魔、排除险阻的故事。在取经过程中，如何降伏妖魔是一条主线，而降伏妖魔不仅需要超出妖魔的魔法武功，还需要超出妖魔的智慧，孙悟空的猴脑极灵，常常会在抓耳挠腮之中想出降魔妙法。孙悟空的种种奇计妙法虽不能与唐僧的大智若愚相比，却实用奏效。在这里尽管不敢说《红楼梦》《三国演义》《水浒传》《西游记》和《战国策》有多么直接的联系，但它们都在无意识之中受到了纵横家文化的熏染，其中的韬略智慧、权变谋术受到作者的崇拜和读者的追求。《战国策》集中反映的长短纵横之术借助于文学艺术的翅翼翱翔于神州2 000余年。